ことばが育つ保育支援

牧野・山田式言語保育発達検査の活用

牧野桂一・山田眞理子 編著

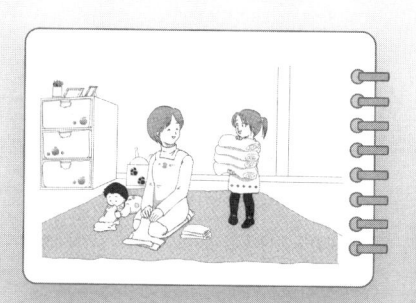

まえがき

　子どもたちは幸せになるために生まれてきているのです。それを妨げているものが、環境であれ、遅れであれ、虐待であれ、障害であれ、子どもに関わる専門家と呼ばれる人たちは、その子どもの辛さを軽減する手立てを持っていてほしい……、そう願って『NPO法人子どもと保育研究所 ぷろほ』は生まれ、そのための保育者や保育者養成に関わる大学教員のためのカリキュラムを実施してきました。

　そこにいま、この「言語保育セラピスト」「牧野・山田式言語保育発達検査」という大きな手がかりを生み出せたことを、ご協力くださった全ての方々に感謝します。

　子どもに限らず、私たちはコミュニケーションの多くをことばに頼っています。実際に伝わっている情報のうち文字になることばが伝えるのは2割と言われますが、声の大きさや発音やしゃべり方も含めると、ことばによるコミュニケーションができるために子どもが学ばねばならない要素はとてもたくさんあります。一方、多くの子どもたちは特に教えられることなくことばを獲得してゆきます。それは人類が持っているいくつかの特徴を背景としているのです。

　赤ちゃんが声帯を使って声を出し始める（クーイング）のは生後2ヶ月くらいからですが、それを聞いた大人がどう反応するかについての研究（『0歳児がことばを獲得するとき』正高信男著　中央公論新社）によると、人間は（幼い子どもの）未成熟な声帯がたまたま出した音声を、成熟した声帯を持つ大人が「真似し返す」という大変奇妙な行動をするというのです。皆さんの周りの育児中の大人を見てみても、「ぶー」と赤ちゃんが言うと「ぶー？」と言い返していませんか？　これは他の動物では見られない行動なのだそうです。

　それによって赤ちゃんは自分が出した音を確認することができ、今度は声帯をコントロールして同じ音を出そうとする……、それが発声に繋がるのです。従って母語は多くの場合「学習」を必要としません。

　さて、そんな「ことば」ですが、様々な背景によってうまく修得されないことが

生じます。保育現場では発語がない（しゃべり始めない）ことや発語の遅れ、発音の間違いや吃音など様々なことばのつまずきが見られます。しかし、そのようなことばのつまずきに対して、今までは「どのような保育がそのつまずきの改善に有効なのか？」や「そのようなつまずきにはどのような保育計画が必要なのか？」が保育者に理解されていなかったのではないかと思います。

　私も30年以上保育者養成に関わる教員として「ことば」や「ことば表現」の科目を担当してきました。絵本を1冊出したことがあったことと朗読を趣味として俳優に習っていたことなどの経験から、前任者から引き継いだものでした。しかし、今考えると幼児期のことばの発達についての知識と、心理治療者として情緒的なもつれや発達の遅れからのことばの遅れ、構音障害から生じるつまずきなどを知っているだけでした。つまり、保育者としてどのような関わりが必要なのか、どう保育すれば発達促進的なのかについて、保育者になる学生たちに教えてきていないことを、反省を込めて思い出します。保育者養成において音楽は音楽の専門の先生が、造形は造形を専門とする先生が、心理は心理を専門とする先生が教えておられるでしょう。しかし「ことば」の授業を「ことばの専門家（これ自体、どのような方がことばの専門家なのかもわかりません。童話作家なのか、言語聴覚療法士なのか……、どれもぴったりではありません）」が教えているところは、ほとんどないかもしれません。そのような現状の中、保育現場での子どもたちのことばの課題に対して適切な保育の工夫ができる保育者が少なかったのも無理のないことかもしれません。その結果、日本では「ことばの教室の大盛況」という現状を作り出してしまいました。

　『NPO法人子どもと保育研究所 ぷろほ』は「プロの保育者養成」をかかげて、北九州に生まれました。子どもたちの様々な課題に対応できる保育者を養成してゆく中で、「ことばは安心できる日常の中でこそ育つ」こと、「ことばのつまずきを持つ子どもに対して、日常保育の工夫をすることで発達を促進できる」こと、そのための「言語発達検査と言語保育セラピストの養成が急務である」ことを実感しました。

　幸い言語治療の専門家でもありこれまで多くの発達検査の標準化にも関わってこられた牧野桂一先生が『NPO法人子どもと保育研究所 ぷろほ』の講師でおられたこ

ともあり、ここに「言語保育セラピスト資格」と「牧野・山田式言語保育発達検査」を作成することができました。「牧野・山田式言語保育発達検査（2013年8月発売開始予定　発売元エイデル研究所）」は、単にことばの発達のつまずきを把握するだけでなく、そのつまずいた項目の発達を促す保育の工夫や配慮が並行して示されている画期的なものなのです。

　園に一人、この検査が使える言語保育セラピストがいれば幼稚園や保育園などの入園時にことばの発達に気になる子どもがいた場合、すぐにその実態を把握でき、入園直後から保育の工夫を開始することによって発達を促し、遅れを最小限にとどめることが可能であろうと思われます。そして、言語発達検査とその活用は保育者自身の日常保育を支え、ことばの遅れを感じながらも検査を何ヶ月も待ち、例えその結果ことばの遅れが分かっても、今度は保育の中でどのような関わりが必要なのかの助言も受けられない今の状況を脱皮できる重要なキーになるはずです。

　本書および「牧野・山田式言語保育発達検査」が多くの保育者や子どもに関わる方々のお役に立てることを願っています。
　本書や「牧野・山田式言語保育発達検査」および言語保育セラピストやその養成講座については、『NPO法人子どもと保育研究所　ぷろほ』にお問い合わせください。

2013年4月

NPO法人子どもと保育研究所　ぷろほ
理事長　　山田　眞理子
〒802-0001
北九州市小倉北区浅野3丁目8－1 AIM 4F
TEL&FAX　050-1356-3923
E-mail　office@pro-ho.jp

目　次

はじめに ··· 2

第1章　子どものことばの起源と発達 ·· 9

　　1　はじめに　〜お腹の中で聞こえている声　8
　　2　背中で聞くことばと実感　9
　　3　ハイハイとことば　10
　　4　ことばとイメージ　11
　　5　語りかけ、歌いかけ　14
　　6　読み聞かせ　15
　　7　ことばの発達　17
　　8　ことばのつまずき　19

第2章　ことばのつまずき Q and A ·· 23

　　1　ことばの発達　22
　　2　ことばの遅れ　24
　　3　発音につまずきのある子ども　32
　　4　口蓋裂の子ども　35
　　5　難聴の子ども　39
　　6　吃音（きつおん）　43
　　7　その他のことばの問題がある子ども　50

第3章　牧野・山田式言語保育発達検査とその活用 ························ 57

　　1　牧野・山田式言語保育発達検査の特徴　58
　　　1　検査を始めるまで　58
　　　2　牧野・山田式言語保育発達検査で配慮したいこと　59
　　　3　その他の検査など　60

　　2　実施法　61
　　　1　牧野・山田式言語保育発達検査を使った子どもの実態把握　61

　　3　実施内容　63
　　　1　語彙　63
　　　　1－1　体の部位　63
　　　　1－2　ミニチュア（ぬいぐるみ）　64
　　　　1－3　カード　64
　　　　1－4　ささやき（1）　65

2　理解　65
　　　2－1　用途　65
　　　2－2　機能　66
　　　2－3　ささやき（2）　67
　　　2－4　比較　68
　　3　発音　69
　　4　定義・生活知識　71
　　　4－1　定義　71
　　　4－2　生活知識　71
　　　4－3　知識　72
　　5　記憶反復　73
　　　5－1　ことばの反復　73
　　　5－2　数唱の反復　73
　　6　反対類推　74
　　7　ことばによる指示の実行　75
　　8　表現能力　75
　　9　舌の運動　77
　　　9－1　舌を出し入れする　77
　　　9－2　舌を上下左右に動かす　77
　　　9－3　舌を回す　77
　　　9－4　リズム打ち　78

　4　検査結果から保育へ　78
　　1　牧野・山田式言語保育発達検査を使った子どもの実態把握　78
　　2　検査結果のまとめ　80
　　3　ことばにつまずきのある子どもへの関わり方　85
　　　1　子どもへの関わり方の基本的原則　86
　　　2　ことばの遅れがある子どもへの対応　87
　　　3　発達障害の子どもへのことばを促す関わり　89

第4章　遊びの中でのことばの支援　91

1　発音・発声器官　92
2　基本の練習　92
3　発音の練習　97
4　練習法　101
5　わらべうたを使ったことばの練習　102
「わらべうたは聞くことから」（神野和美：コダーイ研究家）　131

おわりに　137

第1章

子どものことばの起源と発達

1　はじめに　～お腹の中で聞こえている声～

　赤ちゃんはお腹の中でもお母さんの声を聞いているといわれています。新生児がどのような声を聞いたら泣き止むのかを長年研究してこられた小児科医がおられます。その病院で生まれた新生児で20年来研究してきた結果によると、泣き止むまでの時間の早さは「お母さんの声」「同じ言語の女性の声」「他言語の女性の声」「お父さんの声」「同じ言語の男性の声」「他言語の男性の声」……という順だったそうです。

　そして、その小児科医は10年ほど前、「お母さんの声はお腹の中でも聞こえていて、それが泣いたときに聞こえると、お腹の中にいるような安心感に繋がるのだろう」と話されました。ところがそれから数年して、その小児科医は不思議そうに私に言ったのです。「山田さん、この頃ね、お母さんの声で泣き止まない赤ちゃんが増えてきたんだよ……」と。私にはその事実は自明のことのように思えました。お腹の中にいるときに聞いている声だから、お母さんの声で泣き止んだわけですから、「お腹の中にいるときに、聞かなくなっている」ということではないでしょうか。

　お母さんが無口になったというのではありません。赤ちゃんがお腹にいて、あまり外を出歩けなくなった時期、妊婦は出産を控えての気持ちや不安、新生児への期待をどのようにコミュニケートしていたかを考えてみましょうか？　かつてはおそらく電話かおしゃべりだったろうと思われます。それが「音声」でなくなったのはいつ頃からでしょうか？　その小児科医が不思議に思うその現象は、携帯メールが若い人たちのコミュニケーションツールとして一般的になった、そのころから起こっているのではないかと思うのです。

　そして、「誰が抱いても泣き止まない子が、お母さんの声を聞くとそれを聞き分けて泣き止む」ということが、母親に自信を持たせ、母親としての自覚を促していたとすれば、それが失われるということは、母親に子育てへの自信を持ちにくくさせ、我が子を可愛いと思う基盤を揺るがしかねない危険な事態が生じていることに気づくべきでしょう。どうぞ、臨月の友人にはメールではなく電話をかけてください。電話の向こうで「もしもし？」と話す声を、妊婦のお腹の中の命も聞いているのですから……。

2　背中で聞くことばと実感

　かつて日本の子どもたちは、養育者（母親や祖母、保育者）の背に負われて過ごす時間が長くありました。おんぶというこの育児の形は、ほとんどの家事がそのままできることから、家事労働が今ほど自動化される前の赤ちゃんは背中に負われたまま家事や外出を一緒に体験していたといえるでしょう。

　料理ができてくればいい匂いを一緒に嗅ぎ、外に出れば同じ風やまぶしさを一緒に感じ、掃除機の音も外からの声も、負ぶわれた赤ちゃんは共有していたのです。「寒いね～」は寒さと共に感じ、「美味しそう！」はいい匂いと共に感じていたのです。そこでは、ことばに実感が伴っていました。

　このおんぶという子育ての形が一気に失われたのは 1980 年代。一体何があったのでしょう？　一つには、日本が豊かになって母親もミニカーを運転する時代になり、子どもを連れての移動手段として車が一般化したこと。もう一つには、家にいてぐずった子どもをおんぶしなくても、いつでも子どもの気を引きつけてくれる「ビデオデッキ」が家庭に普及したことでした。その結果、母親のことばもテレビから流れてくることばも、子どもの実感から遠ざかっていったのです。

　さらにおんぶは、眠くなったときにほとんどそのまま寝つかせていました。おんぶしている大人は、眠くなった赤ちゃんに向けて、子守歌やなにやら唱え歌のような声をかけ続けていたようです。背中の赤ちゃんからいえば、自分が眠くなると寝付くまでゆっくり揺すられ、声をかけられ続けたことになります。眠くなるときはたいてい、お腹がいっぱいで、お尻も濡れていなくて、暑すぎもせず寒すぎもせず、満足しているときといえるでしょう。そんな、「気持ちのよいときに、人の生の声で包まれる」という体験が、おんぶで寝つかせられるときにはあったのです。「気持ちいいときに自分を包んでくれる声」……それが繰り返されると、赤ちゃんの身体の中には「人の声って、気持ちいい」と感じる条件反射が生まれます。そして「気持ちいいものは、もっとほしい」「気持ちいいものに、もっと近づきたい」それが、「身体をのりだす」とか「耳を傾ける」

第 1 章　子どものことばの起源と発達

という態度の原型となります。つまり人の話を聞く態度とは、「前を向いて聞きなさい」などと怒ってできることではなく、「人の声の心地よさ」を知っている身体を持った子どもは、「人が話していると、耳を傾けて聞くようになる」ということだと思います。

　おんぶがなくなった1990年代ころから、人の話しを聞けない子どもたちが増えてきます。おんぶではなく、離れた部屋でテレビの前で眠りについていた赤ちゃん。彼らにとって心地よい音が人の生の声ではなく、機械音であったりテレビ音や雑音であったりするのかもしれないと感じてしまいします。

3　ハイハイとことば

　おんぶがなくなったことは、子どもの発達にとって別の引き金にもなりました。おんぶがあまり見られなくなった頃から、あまりハイハイをせずに、早々とつかまり立ちをしてしまう子どもが増えたのです。

　おんぶの体勢を考えてみると、赤ちゃんは背中で斜めの腕立て伏せや背筋運動、側筋運動をずっとしているのが分かるでしょう。首が座ってからハイハイを始めるまでの間を背中に負ぶわれて過ごし、赤ちゃんは養育者の背中で腕の力や背筋を鍛えていて、ハイハイの時期になれば腕を突っ張り、背中をピンと反らして四つ這いになるに充分な筋力がついていたのでしょう。ところがベビーチェアに座らされてビデオを観ていた子どもには、そのような筋力はありません。腕の力や背筋が十分でない子どもには、ハイハイの体勢は腕も背筋もきついのです。それより、何かに寄りかかって立つ方が腕の力も背筋力も要らない……。しかも、視野が高くなるので周りが広く見えて、いい気分です。子どもはハイハイなどせずにすぐにつかまり立ちをし、1歳前で歩く子どもが1990年代から急に増えました。

　さて、ハイハイを1歳2～3ヶ月まで十分にした子どもとそうでない子どもは、腕の力や背筋だけでなく、ハイハイで育つ腕から肩、胸から首、顎から頬までの筋力が不十分なままになることは容易に想像がつくでしょう。このことが、噛む力や飲み込む力、呼吸の深さやことばの不明瞭さなどに、幅広く影響を

与えたように思います。

　しかし、ことばにつまずきを発見される2歳過ぎにはもはやハイハイはほとんどしていません。だとしたら、発声を促す呼吸器の周辺の筋力をつけたり、息を吹き出す力をつける、はっきり発音するための口の筋肉運動や舌の運動をすると同時に、ハイハイに類似した遊び（雑巾がけや手押し車、坂を這って登ることや綱を頼りに壁登りなど）をどのように保育の中で実践してゆくかが大事になります。これらは、週に1回・月に1回通うことばの教室ではできないことかもしれません。毎日の保育こそ、ことばの発達を支える重要な日常なのです。

4　ことばとイメージ

　ことばはもちろん空気の振動を通して口から相手の耳へと届くのですが、聞いた相手はそのことばを多くは「視覚イメージ」として受け取ります。「いぬ」と聞いた人は、「い」「ぬ」という音声をイメージするのではなく「犬」の姿そのものをイメージするからです。話し手の持っているイメージが音声となって相手の耳に届き、相手の中に「類似した視覚イメージ」を生起させる。これが「伝わる」ということです。

　つまり、話し手のイメージ→ことば→発声→聴覚→脳→聞き手のイメージという一連の流れが起こることが「伝わる」ということなのです。そのときに、「話し手の中にどれだけイメージがきちんと捉えられているか？」が問われます。例えば、「こんにちは」一つでも、「誰が（どんなエネルギーのどんな風貌の）」「どこで（相手との距離）」「誰に（ステイタス）」「なぜ（どんな気持ちで）」声をかけるのかによって全く異なってくるわけですから、それが話し手の中できちんと作られていなければなりません。おじいさんなのか、おばあさんなのか、若い人なのか子どもなのかで声は全く違ってきます。それは「声を作る」ことではありません。イメージをしっかり作ることで、声は伴ってくるものなのです。

　それだけではなく、「ことばは体験して感じた後に出てくる」ということも確認しておきましょう。「雪が降っている」ということばは「降っている雪をみて、ことばにしたい気持ち（知らせたい気持ちや驚き）を感じた」から出てくるのでしょう。「風が吹いてる……」ということばの前に、風を身体が感じるはずです。「あの山に登ろう」という前に、山を見上げて、ためらいや勇気が錯綜する時間があるはずです。そんなことが全て「ことば」に伴うものだと私は思っています。ですから、私のことばの授業は「まるで女優の練習みたい」

第1章　子どものことばの起源と発達

とよく言われました。

　さて、一つの実験をしてみましょう。今から短いお話をしますので、聞いていてください。

　「むかし、ある田んぼの道ばたに1人のお年寄りが腰を下ろしていました。お年寄りはゆっくり足をさすり、「ほぁ～ぁ」とため息をつきました。空は晴れて、鳥が飛んでいます。山には木が繁っています。しばらく休んだお年寄りは、やがてゆっくり立ち上がり、また歩き始めました。」（文字で読んだ方も、お話を聞いたようなつもりで、読んだ後にもう一度反復してみてください。）

　このお話は、全く挿絵などないお話の形で提示されますが、聞いている方々はおそらく「むかし」という文字を思い浮かべることはなく、「田んぼのある風景を視覚イメージとして」思い浮かべていたのではないでしょうか？　これは「目の前にないものを思い浮かべる力＝想像力」を使って聞いていたということです。

　「ここで質問です。この主人公はおじいさんだと思った方は、どのくらいいますか？　おばあさんだと思った方は？」この質問をすると、たいてい半々に分かれます。私は「お年寄り」としか言っていません。しかし、視覚イメージを思い浮かべようとすると、おじいさんか、おばあさんかどちらかにしなければなりません。そのために、聞き手は「勝手に」どちらかに決めています。さらに、私はこの主人公の着ている物を何一つ話していません。しかし、だからといって何も身につけていないおじいさんやおばあさんを思い浮かべている方は、今までひとりもいません。皆、何かを身につけている姿を思い浮かべているのです。これは「足らない物を作り出し、付け足してイメージする力＝創造力」です。しかも、この創造力、聞き手の一人ひとり違うのです。色や素材、和服か洋服か、頭には何かかぶっているのかいないのか、足には何を履いているのか……聞いてみるとそれぞれです。

視覚と聴覚の違いは、一度にキャッチできる情報量です。視覚は複数の情報を同時にキャッチできますが（山の色と主人公の服や持ち物、田んぼの様子まで）、聴覚はほとんどの場合一つずつしか受けとれないのです。ですから当然、提示される情報は限定され、それ以外の必要な情報は聞き手の創造力に任されるのです。

　このように考えると、話を聞くということは、聞き手に想像力や創造力を要求することだということだといえます。ですから、疲れているときは、テレビは見られますが、話しを聞くことはできません。

　さて、お話の続きを聞いてもらいましょう。
「お年寄りはゆっくり歩き始めました。しばらく歩いたお年寄りは、ハッとして立ち止まりました。……」
　さてここで「このお年寄りは何故立ち止まったのでしょう？」三択で答えてもらいます。実は聞いている人の頭の中では、すでにその理由が浮かんでいます。ですから、選択肢を言うと、すぐに「自分の思っていたのはそれだ」と分かります。
①「(道や道ばたに) 何かを見つけて立ち止まった」
②「(忘れ物など) 何かを思い出して立ち止まった」
③「(崖崩れなどで) 道がそれ以上いけない状態になっている」
　あなたはどれだったでしょうか？ つまり私たちは、「お年寄りが立ち止まった」と聞いたと同時に、その理由を思い浮かべます。なぜならその理由によって、①と②と③では立ち止まるお年寄りの身体のありようが違うからです。聴覚から入る情報が一つずつ順番なので、私たちはその少し先を予測しながら、イメージを動かして話を聞くことになります。このような予測力を細かく使いながら私たちは「話を聞く」ということをやっているわけです。

　ここまではあくまでも、目の前に画像（視覚イメージの提示）がないことを前提として

進めてきました。では、ここに映像があったらどうでしょう？　最初のお話のところで、おじいさんかおばあさんかはいうまでもなく、服装から背景まで全く想像する必要もなく見えてしまいます。また、突然立ち止まった姿で①か②かは明らかかもしれません。すなわち想像力や創造力、予測する力などは、お話だけを聞く場合の数分の一、数十分の一しか使わないで済むということになります。

　では使わない力はどうなるでしょう？　人間の力というものは、使えるものにするためには使って鍛えることが必要です。足の力や腕の力、腹筋を考えてみれば分かるでしょう。想像力や創造力・予測力も、日常使っていればいつでも使える力となりますが、使わないまま年数が経てば、次第に力を失って使えなくなるのは身体の力と同様でしょう。すなわち、お話を聞くという幼児期の活動が、テレビなどの映像を伴ったものに移り変わっていったとき、子どもの「想像力や創造力、予測力を使う機会」が激減し、そのために子どもたちが力を失っていったことは十分に推測されます。

　そして、残念なことに「愛」や「友情」、「絆」や「こころ」、「思いやり」や「優しさ」など人間関係において大切とされるものはほとんど目に見えるものではなく、「目の前にないものを思い浮かべる想像力」を必要とするものなのです。想像力の欠如のために、「そんなふうに思うとは思わなかった」「そうなるとは思わなかった」などということばが、事件の後に加害者から聞かれることは珍しくありません。

　実感とイメージを伴ったことばの修得がどれほど大切かが分かるでしょう。

5　語りかけ、歌いかけ

　上記で素話の必要性を述べましたが、それ以前の乳児期では「心地よい声かけ」が重要になります。子守唄などは、その役目を果たしていたものでしょう。穏やかに話しかけ（語りかけ）ることや子守唄やわらべ歌を歌いかけることは、「声の心地よさ」と一定したリズムの安心感をもたらすでしょう。

　乳児期には、何を語りかけるかはさほど伝わるものではありません。それよりも、声に含まれる安心感の要素やリズムが身体に伝わる心地よさを感じていると言えるでしょう。そして、安心していたときに聞こえていた音声は、子どもにとって安心感をもたらす音になります。できればそれが生の人間の声であってほしいと思うのは、幼児期から学童期において人のことばから子どもが学ぶことがほとんどだからです。その間、人の声を心地よ

いと思って耳を傾ける子どもになるかどうかは、その子どもが学ぶ量を相当左右するのではないかと思われるからです。「成績を上げるためには、どんな塾より、保護者が心地よい声で語りかけること」といえるかもしれません。

　そして、それぞれの子どもが感じる心地よいリズムは個人差があるようです。歩くような4拍子が合う子、弾むような2拍子の方がよく寝つく子、ゆったりした3拍子で落ち着く子など様々です。そう考えると、一斉に同じ音楽をかけるのではなく、その子に合った唄で寝かしつけてあげたいものだと思います。

6　読み聞かせ

　「絵本の読み聞かせは、生後何ヶ月頃からしたらよいのでしょう？」と質問されることがあります。絵本の読み聞かせが、語りかけや歌いかけと違うのは、「見つめるもの（絵本）と声がでるもの（母親や保育者の口）とが別々の場所にある」ということです。

　つまり、脳の働きとして「お母さんの口から語られていることは、目の前の本のことなのだ」と、別々の視覚情報と聴覚情報を一つのものであると認識する「協応」ができてからが絵本の読み聞かせの開始時期ということになります。それは個人差があるものの、およそ生後6ヶ月を過ぎた頃からと言えるでしょう。

　それまでは、前述の語りかけや歌いかけを存分に体験させることが大切です。子どもを膝に抱いて目の前に絵本を拡げ、後ろからその絵本を読み始めても子どもが後ろを振り返らなくなったら、子どもの脳の中で「目の前の絵本と後ろからの声は同じものを表している」と繋がったということですから、読み聞かせ適齢期にたどり着いたということでしょう。

　「どんな絵本を読んであげたらいいのですか？」という質問もよく受けます。もちろん「1〜2歳児用」「5歳以上」などと本の裏表紙に記載されている絵本も多くありますが、発達にあった絵本であれば、その記載年齢は無関係でもあります。

　では、どのような本が『発達にあった絵本』と言えるの

でしょう？ ことばが急速に発達する3歳までの目安を述べておきましょう。

　1歳前後では、膝にのせた子どもの目の前に絵本を開いて近距離で見ることが多くあります。その際に子どもの視野に絵本全体が入る小さめな絵本がいいでしょう。

　さらにこの時期は、8ヶ月不安といわれる人見知りの時期と重なります。これは、子どもの記憶として周囲の一貫性が保持されるようになる時期であり、一貫して周りにあるものと新規なものが区別できるようになります。そして一貫したものの方が安心し、新規なものには警戒心が起こることが人見知りを生むのです。そんな時に子どもが好む遊びが「いないいないばぁ」です。それ以前の子どもは自分の視野が何かにふさがれたら、目の前のものが失われたと感じて不安になり、顔にかかっているタオルなどをのけようとします。「いないいないばぁ」は、目の前から見えなくなっても、さっきまであったものは一貫してあるのだと脳が保持して、「ばぁ！」と現れるから「ほらあった！」と嬉しいという脳の発達とこの世の一貫性の確認が背景になっているのです。さて、その時代であることを理解した上で、この時期に与えたい絵本を考えると「繰り返しが多い絵本」「先が予測できる絵本」が2つめの選択法ということができるでしょう。お話としても『おおきなかぶ』や『3びきのこぶた』などの繰り返しや唱えことばのあるものがありますし、「いないいないばぁ」そのものの絵本もあります。

　もう一つの選び方は、「子どもが読んでもらいたがる本」です。それまでたくさんの絵本を読んでもらってきた子どもは、1歳頃になると、絵本を持ってきて「読んで？」と差し出すようになります。絵本という「物」自体は、味も匂いもせず、柔らかい手触りでもなく、角は堅くて、子どもにとって魅力あるものではありません。子どもは何故それを持ってくるのでしょう。それを親（保育者や養育者）に渡すと、自分が望んでいるような世界が自分を包んでくれることを知っているからです。そして、今それが必要だと感じるからその本を持ってくるのでしょう。

　そして、1歳半くらいになると「繰り返し読んでもらいたがるお気に入りの本」ができてきます。それは「その本を読んでもらうと自分の中に感じる何か」が今自分には必要で、その本を読んでもらったことで少しそれが得られることと1回ではまだ十分ではないことを感じるから「何度も読んでもらいたがる」ということだと思います。「子どもは必要のないことは求めない」と私は思います。何度も読んでもらうことが必要だから何度も「読んで？」とねだるし、（寂しくなったり、悲しくなったり、心細くなったり、愛情を確認したくなったりして）抱っこしてもらうことが必要だから「抱っこして？」と言うのでしょう。

繰り返し読んでもらたがる本を何度も読んでやる中で、子どもは必要な力を自分の中に蓄えてゆくのです。

このように、1歳後半はかなり集中して絵本をみつめて、読み聞かせを聞く時期なのですが、それが2歳過ぎる頃から読み聞かせの時にウロウロしたり、キョロキョロしたりするようになります。自分の身体のコントロールを獲得しようとするこの時期は、「じっとして話しを聞く」だけでは物足りなくなってくるのでしょう。そんな時は、「主人公がしていることを子どももすぐに真似できそうな絵本」を選んでみてください。『はけたよ はけたよ』『どろんこ どろんこ』『おふろだ おふろだ』『ぶたぶたくんの おかいもの』などの主人公は、2歳児にとってはまさに自分自身でもあります。そんな絵本を読んでもらうと、2歳児は読み聞かせが終わるや、その主人公と同じことをし始めるでしょう。

3歳に近くなってくると「もしも」「〜だったら」「〜ならいいなぁ」などのファンタジーの力が育ってきて、主人公に同一化するだけでなく、イメージ世界のストーリーを遊ぶことが可能になります。

おはなし絵本（ストーリー絵本）や創作・ファンタジー絵本など幅広い絵本を子どもに読んであげましょう。そして、そのお話をもとにしたごっこ遊びの展開を共に楽しんでください。その絵本の世界を聞き手として楽しむだけでなく、その絵本に出てきたセリフなどを自分のことばとしてどんどん吸収してゆく時期です。

7　ことばの発達

子どもは1歳を過ぎると一語文（「ワンワン」「ブーブー」「マンマ」など一語で話すことば）へと発達し、1歳半から二語文（「ママ　ネンネ」「マンマ　チョウダイ」「ワンワン　イタ」のように名詞と動詞のみで助詞を使わない簡単な文）を話すようになります。

ことばには理解語（理解していることば）と発語（使うことのできる単語）の二種類があり、前者は後者の約10倍程度あります。話すことばが少なくても、親の言うことを理解でき、指示に従える場合は「ことばを溜め込んでいる時期」ということができるでしょう。

子どものことばの発達においては「指さし行動」の有無が非常に重要です。これらは通常、初語の前触れとして生後9ヶ月頃から1歳位までの間にできるようになるといわれていて、発達障害の子どもの場合には出現が遅れ、ことばの発達も遅れます。

ことばの遅れのラインは、「2歳までに発語がない、3歳までに二語文がない」と一般に

はいわれています。基本的に1歳6ヶ月までに発語がない、発語はあったもののあまりことばが増えない、もしくは出ていた筈のことばが消えたなどの場合には専門機関に相談する事をお勧めします。

　0歳児の間は、ことばの引き出しを自分の中に作り、ことばをため込む時期といえるでしょう。産声からクーイングを経て、喃語が出始めます。5〜6ヶ月頃からは喃語を盛んに繰り返す（反復喃語）ようになり、10ヶ月頃に「ばいばい」「ばんざい」「はーい」などの大人のことばに反応して身体を動かそうとする身ぶり言語を獲得します。

　「マンマ」「パパ」などの喃語が次第に意味を持って、一定のものを示すことばとなってゆき、「マンマ」がご飯を表して「パパ」が父親を示すようになると初語といいます。

　1歳になると指さしや見てみて行動を背景に名詞の獲得が盛んになり、動作模倣とともに言語模倣が盛んに行われます。1歳半で15〜20語だった語彙は、2歳時には200語を超えるほどになります。（もちろん個人差はあるので、あくまで目安です。）

　2歳は質問期とも言われ、さかんに「これ何？」「これどこ？」「誰？」などと問いかけてはことばを増やしてゆきます。一方でことばの急増に発語がついて行けず、つかえたり繰り返したりが目立ちはじめる時期でもあります。この時期の吃音は、かなり多くの子どもに見られる現象と言えるでしょう。

　2歳半で500語、3歳で1000語を超え、「いつ？」「どうして？」「どんな？」など、日常生活に関する大人と会話ができるようになります。

　3歳児のごっこ遊びの発達は、ままごと、電話ごっこ遊びなどで、役になって自分以外の立場でのことばのやりとりができるようになってゆきます。そして、語る文章も多語文となり、行動の理由説明が可能になります。

　4歳になると「さっき買ってきたお菓子をたべていい？」などと多語文を使って話すことができるようになります。色や動物などのカテゴリーを分けて言うことができ、前後や逆接を含む脈絡のある話ができます。

　5歳になると、「暑い」「寒い」「やさしい」「げんき」などの抽象語や気持ちのことばが理解できるようになります。右左や前後のことばに基づいて、即時に行動に移すことができます。

　6歳で卒園・就学を迎えるに際し、子どもたちは日常生活の体験の中で文字を理解し、ひらがなが読めるようになります。比喩などを理解でき、見通しを持って話を聞けるために、

予測と反したオチで笑うなど大人と共有できるようになります。

　また、自分以外の立場で考えることができるようになり、主人公の気持ちを説明したり、主人公以外の人は（絵本を見ていた自分は知っていても）知らないことを理解できたりします。就学までに理解していることばは5000語を超え、日常生活で子どもは3000語を超えて使用していると言われます。

8　ことばのつまずき

　ことばは個人の内面を表現する方法であるだけでなく、他者とのコミュニケーションの重要な手段になります。その機能は持って生まれるものの、どのような言語機能を使用するようになるのかは、生まれてからの生育環境に大きく影響されます。ことばの獲得は学習でもあり、体験の結果でもあるからです。

　そしてことばの学習の一番の後押しは「伝わる喜び」です。伝えたい相手にことばで伝わったときの喜びが子どもたちのことばを育ててゆくのです。ことばは相互関係であり、理解によって育つと言えるでしょう。そして、体験や感情は消えてもことばは残ってゆくのです。そしてことばのセラピーは園庭と保育室で日々なされるのが最も自然だと言えるでしょう。ことばが育つ保育室を生み出してほしいと思います。

　ことばは「音声」だけではありません。そのことばが出てくる関係性や育ちの全てが一言に現れることもあるのです。あるお祖母ちゃんがトイレに入っているときに、小学生の孫が起きて、トイレに入ろうとして来たのだそうです。トントンとノックした孫に「婆ちゃん、入っているで」と言った時、その孫は「ん　ばあちゃん　ゆっくりでいいで」と言ったそうです。お祖母ちゃんは「その一言で、今までの自分の子育て、そしてその孫を育ててくれた息子夫婦、人生の全てに感謝した」と言います。これは14文字の音声ではないのです。「熱の子の　リンゴと母を　ひとりじめ」の俳句が示す母子のドラマを感じると、ことばが持つ世界の広さが分かるでしょう。

　一方で、子どもの育ちにおいてことばは専門的な勉強をしていない保護者にも、発達が見えやすいものであり、発達の遅れの判断材料とされやすいものでもあります。しかし、検査状況に置かれると緊張によって能力が限定されやすいものでもあり、吃音などの症状も現れやすくなります。ことばの発達に最も大切なものは緊張のない、安心できる、認め

られる信頼関係なのです。

　私たちは、そのことばの発達を日常場面で関わる専門家である保育者が、一定の基準に基づいて把握でき、しかもその結果を日常保育に活かせるような検査を求めてきました。

　『牧野・山田式言語保育発達検査』と本書は、子どもと保育者の日常がもっと安心できるものになるために役立つよう工夫されています。

　まだまだ改訂を加えてよりよいものにしてゆきたいと思いますので、皆さんも改良のためのメンバーの一員のつもりで、実施してのご意見やご提案をいただければと思います。

第2章

ことばのつまずき Q and A

子どものことばのつまずきに関しては、個人差がありますが、だいたい小学校に入学するまでには日常的な会話が不自由なくできるようになるといわれています。

　ところが家庭環境や障害の有無など様々な条件が影響して、それまでに上手にきれいに発音することができなかったり、滑らかにすらすら話ができなかったり、話し方が同じ年代の子どもに比べて遅れていたりすると、保護者や保育者が気にすることがあります。

　ここでは、「Q＆A」の形で、一般的なことばの発達とことばのつまずきとその対応について考えてゆきましょう。

1　ことばの発達

(質問1) 子どものことばのつまずきで不安があるのですがどのようにすればよいですか。相談するとすればどんなところがありますか。

　一人で悩まないで周りの人に相談してください。ことばの問題だけではなく子どもに関わることは何でも同じですが悩みがあるときには、一人で悩むのではなく、ぜひ周りの人に相談してください。周りに親しい人がいなければ、子どもと関わりのある施設、例えば、保育園や幼稚園、児童相談所や福祉センター、特別支援学校（これまでの盲・聾・養護学校が平成19年4月から一括して特別支援学校と呼ばれています）などに相談に行ってください。相談の内容をよく聞いてどうすればいいかというガイドをしてくれます。

　子どものことばに関する悩みに対しては、様々なところで相談を受けることができます。乳幼児であれば保育園や幼稚園が最も身近です。特に子育て支援をしている保育園では専門の相談員を配置している場合が多いので安心して相談をすることができます。

　また「保育心理士」という専門的な対応ができる保育者を置いているところではそれぞれの子どもさんの状態に応じて適切な相談機関を教えてくれると思います。また、このテキストをベースにした言語保育セラピストの資格を持った人がいる場合はさらに関わりのアドバイスももらえるでしょう。

　就学前の子どもさんや入学後の子どもさんの場合は、県や市町村の施設として教育センターがありますので、そこの教育相談部門に問い合わせてください。対応が難しいときには、それぞれの子どもさんにふさわしい専門機関を紹介してくれます。

　専門機関としては、教育、福祉、医療の各分野があります。

教育機関としては、都道府県立の教育センターや市町村立の教育センターにおける教育相談部門や特別支援教育関係部門が相談を受ける体制を整えています。また、都道府県の教育委員会や市町村の教育委員会に直接連絡を取れば適切な相談機関を教えてくれるでしょう。さらに、大学の心理学教室や障害児教育関係の研究室でもことばに関する相談や療育を行っています。

　福祉関連では、都道府県の関係機関として福祉事務所の家庭児童相談室や児童相談所、保健所、身体障害者福祉センターなどがあり、市町村の関係機関としても子育て支援センターなどがあります。

　医療機関としては、発達医療センターや総合病院が主になりますが、専門医としては耳鼻咽喉科や口腔外科などが窓口になります。

（質問2）保育所・幼稚園・学校における療育相談や教育相談では、ことばについてどのような相談を行っているのですか。

　保育園・幼稚園・学校では一般的には特に専門的なことばに関する相談は行っていませんが、保護者に対することばの悩みに関する相談を受けたり、子どもに対する遊戯療法や発音器官の機能を高めるような個別の言語指導をしているところも一部にあります。

　また、幼児の場合は集団の中でことばの発達や人間関係を育てるために、集団療育活動を行っているところもあります。

　一方、特別支援学校においては、幼児のための「幼稚部」が設置されていますので聴覚障害や言語障害に係わる全般的な相談ができますし、通常の小中学校においても言語障害児や難聴児のための特別支援学級や通級指導教室が設置されている学校では、ことばに関する専門の先生がいますので、基本的な検査から家庭における対応の仕方まできめ細かいアドバイスもらうことができます。

2　ことばの遅れ

（質問3）ことばの発達と知的な発達とは関連がありますか。

　一般的に知的な発達とことばの発達には互いに深い関係があるといわれています。知的な発達の遅れがあるとことばの発達も遅れてきます。子どものことばの発達の状態は知的な発達の状態を調べるときの重要な指標になります。

　知的な発達と関係してのことばの遅れは、運動性の発達や社会性の発達など全般的な遅れとの関連で判断しなければなりません。また、ことばだけを発達させようとするのではなく、日常生活の中でことばかけや発声の促しを多くしながら全体的な発達を促すことも大切です。

（質問4）他の子どもに比べてことばが遅れているのではないかと気になっています。一般的なことばの発達はどのようになっていますか。

　ことばの発達は、発語とことばの理解との両面から捉えます。

　子どもは、生後4ヶ月頃からm・n・b・v・p＋母音で構成される喃語が現れだし、6ヶ月頃にはそれを繰り返す反復喃語で発声の練習を盛んにしています。生後10ヶ月頃には、「〇〇は？」と身近な人や物の名前を訊ねるとその方向を見るようになります。ことばを発する前に物を指さして示す「指さし行動」や物を持ってきて差し出す「見て見て行動」が現れます。これが現れたらまもなく発語へと向かいます。

　1歳を過ぎると、ことばも一つ二つ話すようになり、初めて意味を持って発語したことばを初語と言います。1歳半では健診でことばのチェックがありますが、身の周りの人や物について複数のことばを理解することができます。2歳になると、自分の目・口など身体の部分が分かったり、絵の中から「バスはどれ？」と聞かれると指さしして選択して示したりするようになり、理解語は（個人差はありますが、およそ）200語を超え、日常生活での指示に従って行動することができるようになります。

　3歳になれば、語彙は1000語を超えて日常生活において「ことばによるやりとりや日常会話」がほぼ可能になり、4～5歳にもなれば、身の周りのことや生活場面において「こ

とばで予測して考える」ことや「ことばから想像する」ことができます。また、ことばによるやりとりで相談しあうことも可能になります。

しかし、子どもたちがそれぞれ身長や体重が増加していくのに個人差があるように、ことばの発達にも個人差があります。特に1～2歳の子どもの場合、周りの子どもの発達に比較してことばが遅れているように感じても、大人との関わりができていて、自分の要求を表現できていれば、心配しなくてもよいことが多くあります。

家族がたくさんのことばをかけて、ことば体験を豊かにしながら子どものことばの発達を観察してください。特に、大人が多い環境などでは、自分からことばを発することがなくても、周りの人に関心を持って耳を傾けて聞いていて、周りの言うこと理解できている場合は「今はことばを溜め込んでいる時」と理解することもできます。

（質問5）ことばの発達が遅れるのはどうしてですか。

ことばは自然に身につくように思われますが、決してそうではありません。ことばの学習には、様々な条件が必要です。それらの条件のどこかに、次のようなことがあると、ことばの遅れにつながることがあります。

＊知的発達に遅れがある。
＊耳の聞こえが悪い。
＊話すのに必要な器官（唇・口蓋・歯・のど・舌）に問題がある。
＊脳の言語中枢、運動中枢系にトラブルがある。
＊身体が弱く病気がちであるため、人との関わりが限られている。
＊社会性が十分に発達していない（人に伝えたいという欲求にかける）。
＊情緒が不安定である（話すことへの極度な不安など）
＊周りの大人の子どもへの関わり方が少なかったり、適切でなかったりする（厳しすぎるしつけをしたり、ことばの教え方に問題があったりする）。
＊子どもが自由に話せる環境にない。
＊両親の母国語が異なる。

このようなことで思い当たることがあったら専門家に相談するようにしましょう。

ことばの発達に不利な条件が見つかった場合には、それをやわらげたり、補ったりすることが必要です。日常的には、この本の第4章を参考にして、園や家庭で工夫してみましょ

う。専門機関に関わり方を相談するのもいいでしょう。

（質問６）１歳を過ぎて話し始めました。いろいろと真似をするので教えるのですが、正しく発音することができません。どこか問題があるのでしょうか。

　１歳過ぎての話しはじめ（初語）は一般的な発達といえるでしょう。しかし、その年齢の子どもには、まだ正しく発音できない音がたくさんあります。パ行やマ行などは覚えやすく最初に出て、出しやすい音から徐々に覚えていきますが、サ行やラ行の音は難しく、子どもによっては５歳ぐらいではまだ完成しない場合もあるくらいです。
　ことばは体験と繋がったものです。いろいろなものを見せたり、触れさせたりすると同時にことばを聞かせましょう。例えば、絵本の「ひよこ」を見て廻りの大人が「ピヨピヨ」と教えていたとして、子どもが本物の「ひよこ」を見て「プヨプヨ」と言ったとしたら、子どもはことばと事柄を結び付けることができたのですから、素晴らしいこととして認めてあげてください。子どもがことばを覚えていくときに最も大切なことは、相手にことばが伝わることの楽しさを知ることです。そのことによって、ことばは広がっていきます。
　では「プヨプヨ」と言った発音の間違いはどうしたらいいでしょうか？それには「そうね、ピヨピヨ。ひよこさんだね」と正しいことばにして返していくことが大切です。このとき、「プヨプヨではないでしょう。ピヨピヨでしょう」といって言い直させたりすると、ことばを出すことにためらいや不安を持って、話さなくなってしまうこともあります。

（質問７）２歳少し前にやっと話し始めました。現在２歳すぎですが、ことばをつないで話しをしないので気になっています。

　話し始めが少し遅かったようですので、ことばをつないで話すようになるにはもう少し時間が必要かもしれません。今は、話し方にこだわらないで楽しくたくさん話しをさせることに心がけましょう。ことばを育てるときに最も必要なことは、関わりを楽しみながらゆっくり待っている大人が側にいることです。
　また、ことばをつないで話すようにするために、大人が手本となるような文章での話し方を心して示すことが大切です。そうすることで、ことばの使い方、つなぎ方が自然に耳に入り、徐々に真似て話すようになります。例えば、お父さんが帰って来たときに「パパ」

と言ったら、「そうね、パパ帰ったね。お帰りなさい言おうか」とことばをつないで聞かせます。まず、その時の、子どもの言いたいことを十分受けとめましょう。

(質問8) 長男が2歳の時、妹が生まれ、その頃からあまりしゃべらなくなりました。ことばが遅れてしまうのではないかと心配です。

　ことばは豊かな人間関係や安定した情緒の中で育ちます。子どものサインを見逃さないでください。弟や妹が生まれると母親を取られたように感じ、一時的にわがままになったり、できていたことができなくなったりすることがあります。これは、「かまって欲しい」というサインなのです。赤ちゃんが寝ているときなどに時々、上の子どもとだけの時間を作り、ゆっくりとお話をしたり、遊んだりを心がけましょう。
　2歳はことばの育ち始めの時期です。あまり無理にしゃべらせようとしては逆効果です。家族との楽しい時間を過ごすことで、気持ちが安定して自然とおしゃべりも増えてくるようになります。遊ぶ内容や表情などに大きな変化がなければ、安定した関わりを心がけましょう。

(質問9) 3歳の女の子ですが、「あのね」や言い直しが多かったり、焦ったようにつかえながらしゃべります。もう少しなめらかにしゃべれないのかと、とても気になります。

　2〜4歳の頃は、ことばが急速に育っていく時期です。1年間に覚える単語も相当たくさんになってきます。子どもはどんどん話したくて「あのね、あのね」と気持ちが先にいってしまい、ことばにつまることはよくあることです。大人の方がゆったりした気持ちで、お話を聞いてください。
　この時期に、何度も言い直させたり、間違いを指摘したりすることは、話すことへの自信を失わせることになります。また、そのようなことから、吃音になるということもありますので、大人が不安を持たずに接することが大切です。
　子どもが焦って話していても、頷きながらゆっくりと最後まで話を聞いてください。また、うまく話せなくても、話の内容が伝わってきたら「そう、○○だったのね」と話したことを認めてください。「話しを聞いてもらえる」という安心感から、もっと話すようになり、話し方も徐々に成長していきます。

（質問10）　脳性まひと診断されました。今はほとんど話さないのですが、ことばが育つのか不安です。

　脳性まひは、脳の運動性のまひが中心ですから、まひの状態によっては発声や発音がうまくできないことがあります。まず、心が動く感動体験を大切にして、話したい・話そうという気持ちを持つことを心がけてください。

　話すためには、その前提として物事の理解が必要です。身体が自由に動かせないとどうしても経験不足になりがちですが、ことばを育てる意味からも、自然体験や社会体験などいろいろな経験に積極的に参加する気持ちを持ちましょう。

　また、周囲がもの分かりがよすぎたり、助け過ぎると伝わらない不自由さを感じなくなり、ことばをあまり使わなくなります。逆に、厳しくしすぎても心が不安定になってことばの発達によくありません。周囲の大人が子どものニーズをしっかりと受けとめて接していくことが大切です。

（質問11）　脳性まひで5歳になる子どもです。何でもよく分かっていて話はできますが、聞き取りにくく、親でもよく分からないことがあります。子どもも、もどかしくて怒ることがよくあります。どうすればよいですか。

　一生懸命話しているのに、通じないことはとても辛いものですし、分かっているだけにもどかしくもあるのでしょう。機能訓練である程度発音の改善をすることもできますが、大切なことは、伝えたい時にはきちんと聞く、伝わる手段を複数手に入れておくことを保障することです。

　書く・身振り・サイン・トーキングエイド・文字盤・パソコン（i-pad）・メールなど、ことばで表せなくてもその代わりになるものは、いろいろあります。ことばだけにとらわれるのではなく、その代わりになる方法を一緒に見つけることも大切なことです。

（質問12）　知的な遅れの疑いがあると言われています。ことばを育てるためにどうしたらいいのでしょうか。

　知的発達に遅れがあると、ことばの背景になる体験の把握、すなわち周囲の出来事を理

解したり、外界へ働きかける力が弱く、自分で情報を取り入れて学んでいくことが不足しがちになります。

したがって、いろいろな所へ行って楽しい経験をすることで興味関心を広げながら、遊びや運動など、ことばを含めた全体的な発達を促すことが大切です。

話をするためには、まず他の人の言っていることばが分かることが必要です。絵本や実物を見ながら、物の名前をたくさん聞かせたり、子どもの行動や要求を具体的なことばで表現したりしてください。根気よく繰り返すことで物の名前やことばの使い方を自然に理解し、ある時期に、急に話す量が増えるケースも多く見られます。一人ひとりの能力と特性を踏まえて、無理をしないでできること興味・関心のあることから始めることです。

知的障害といっても、子どもによって状態は様々です。知的発達のいろいろな面が一様に遅れている場合もあれば、不均等に遅れている場合もあります。また、知的障害の他に言語障害や情緒障害などを伴う場合もあります。子どもの特徴を丁寧にとらえましょう。重要なことは、子ども自身ができないことを悲観して自尊感情が傷ついたり、日常的な非難によって自己否定を抱えてしまうような二次障害を作り出さないことです。

知的な障害そのものを医療や教育によって取り去ることは難しいのですが、早期に発見されて環境が改善されたり、的確な把握とそれに基づく保育・支援とによって、障害によってもたらされる困難は軽減することができます。もっている能力やまだ残されている能力を活用する力、生活する力、社会生活に適応する力、社会参加・自立に必要な力を育て高めることは可能であり、それこそ保育の役割でしょう。

知的障害があると、習得した知識・技能が偏ったり、断片的で応用ができなかったり、生活に適用されにくいので、具体的・実際的な体験や説明で理解を助ける必要があります。

知的障害のある子どもたちに大切なものは「自立」と「社会参加」の力です。それはその子の得意とするところを見つけ、それを活かす方法を共に考えることからしか生まれないことをよく知っておきましょう。その子のよさを見つけることこそ、自立への第一歩なのです。

遊びの面においても生活面においても、子どもの実態を正確にとらえ、できることとできないことを見極め、興味・関心をいかしたきめ細かなステップ（スモールステップを作成）を計画的に根気強く行うことが基本になります。

知的障害のある子どもたちは、一般的に言語発達も遅れている場合も多いので、活動時はもちろんのこと日常的に素直な分かりやすいことばで話し、挨拶等も常に交わす雰囲気

を作って、子どもたちの言語活動が活発に行われるように配慮することが、ことばを教える以上に大切です。

(質問13)　4歳で話し始め、もうすぐ5歳です。今はよくおしゃべりをするのですが、発音がはっきりしません。発音は自然によくなりますか。

　発音は、段階を追って上手になり、大部分は成長とともに正しい音になっていきますが、4歳で話し始めというのは、それまでのことばを取り入れることに何らかの困難があったことも考えられます。少し特別な指導が必要かもしれません。発音するための器官や耳の聞こえなどに問題がある場合も考えられますので、一度、耳鼻咽喉科の医師に診察してもらうと安心です。

　4歳で話し始めたということから、同年齢の子どもよりことばの発達がゆっくりしていることが考えられます。今はよくおしゃべりをするということなので、保護者がしっかりことばを伴って関わることで発音もこれから徐々に正しいものに変わっていく可能性があります。あまり心配しすぎず、その子どもなりの発達をしっかり支えてゆきましょう。

(質問14)　視線が合いにくく、友だちと遊ぼうとせず、こちらの言ったことばをそのまま繰り返したり（オウム返し）します。自閉症ではないかとも思うのですが、どうしたらよいのでしょうか。

　人との関わりが苦手な場合や不安が高い場合、自分に自信がない場合や全体的に発達が遅れている場合に、このような様子が見られることがあります。オウム返しや視線が合わないだけで、自閉症であるかどうかを断定することはできませんが、自閉症である場合には極端に物にこだわったり、環境の変化を嫌がったりするなどの様子も見られてきます。

　オウム返しのある子どもに、無理矢理答えさせようとするような働きかけは緊張を高めますので止めましょう。オウム返しでもコミュニケーションが成り立つような会話（「きれいだね～」「きれいだね～」など）の中で、対人的な安心感や共有感を積み重ねてゆくことも必要です。

　いずれにしろ、人との関わり方が身についていない状態ですから、集団に入れる前に、まず家族との関わりが持てるようにすることが必要です。家族が子どもの気持ちを受けと

め、安心できる状態を作り、好きなことを見つけて一緒に楽しみましょう。

　そういった関わりの中で、少しずつことばの意味の理解や、正しいことばの使い方を身につけていくことができれば、発語にも改善が見られるでしょう。また、家族との関係が十分育ってくると、他の人への関心が徐々に生まれます。人への関心は、ことばの学習の大切な基礎となります。

(質問15)　5歳で年長組になっていますが、赤ちゃんことばがなおりません。直した方がいいのでしょうか。

　赤ちゃんことばには「幼児語」と「幼児音」があります。幼児語は「車」を「ぶーぶー」と言ったり、「ご飯」を「まんま」、「座ること」を「ちゃんこ」と言ったりする「大人が子どもに向けて使う特別な言い方」です。これは、大人の側がいつまでも使い続けずに、3歳くらいから正しいことばに修正して話しかけるようにする必要があります。これに対して幼児音は「つくえ」を「チュクエ」、「せんせい」を「チェンチェー」、「らっぱ」を「ダッパ」というように発音がうまくいかないことばを言います。

　大人がいつまでも幼児語で話しかけたり、逆に幼児音をきつく叱ったりしていては改善されません。子どもが幼児音で言ったときは、「そう、つくえね」と正しい発音で返してあげてください。

　小学校になると文字を学び、話しことばを文字で表す学習が始まります。その時、自分の話しことばのおかしさに気づいて直っていくことがほとんどです。

　しかし、特定の音だけがおかしい場合は、発音の発達の問題が考えられます。一音ずつなら正しく言えるのに、話の中で使うときにおかしくなる場合は習慣になっているだけかもしれません。その時は、正しい言い方で言い換えてきかせることで改善されると思います。次の『発音につまずきのある子ども』を参考にしてください。

3　発音につまずきのある子ども

（質問16）発音のつまずきにはどんなものがありますか。

発音のつまずきの代表的なものとしては、一般的に次のような例があります。

◆他の音に置き換わっている。

例　カ（ka）→タ（ta）

　　　カラス→タラス　　オカアサン→オタアサン　　スイカ→スイタ　など

　　サ（sa）→タ（ta）

　　　サカナ→タカナ　　センセイ→テンテイ　　クシ→クチ　など

　　ラ（ra）→ダ（da）

　　　ラッパ→ダッパ　　カラダ→カダダ

　　ス（su）→チュ（tyu）

　　　スイカ→チュイカ　　イス→イチュ

◆ある音の子音を抜かしている。

例　カ（ka）→ア（a）

　　　カラス→アラス　　テレビ→テエビ　　スイカ→ウイカ　など

◆単語の子音が入れ替わっている。

例　ヘリコプター（heri<u>k</u>o<u>p</u>uta-）→　ヘリポクター（heri<u>p</u>o<u>k</u>uta-）

　　パトカー（pa<u>t</u>o<u>k</u>a-）→　パコター（pa<u>k</u>o<u>t</u>a-）

（質問17）発音が違っているところがあります。「気にしなくていい」と言われたり、「早いうちに直した方がいい」と言われたりします。どちらがいいのでしょうか。

発音はだんだんと変わっていくもので、全てが同時に正しく言えるようになるものではありません。発音しやすい音から身についていきます。その様子は次頁の表のようになっていますが、これはあくまでも平均的なもので、早い子もいれば、小学生になってから言えるようになる子もいます。

発音の発達表

3；0まで確実	アイウエオ、タテト　ダデド
3；0までほぼ獲得	ヤユヨ　マ行　ナ行　ニャ行　バ行　パ行　カ行
	ガ行　ワ　ジャ行　ミャ行　ビャ行　ピャ行
3；0～3；5	キャ行　ギャ行　ヒャ行
3；6～3；11	ハヘホ　フ　シ　シャ行
4；0～4；5	ヒ　サスセソ　ツ　ヅ
4；6以降	ラ行

（板内偵子　「言語障害児研究」より）

　例えば、3歳の子どもが「サ行」を正しく言えなくても、心配することはないでしょうが、6歳の子どもが「パ行」や「マ行」を言えないような時は、専門機関に相談する必要があると考えます。

（質問18）　発音のつまずきがあるので、正しく言い直させていますが、なかなかよくなりません。

　正しく発音するのためには、
①音をよく聞くことができ、
②舌や唇などの発音器官が機能し、
③それらが協力しあっていることが必要です。

　音を聞くことができないと、いくら言い直して聞かせても無駄なことになります。また、音は聞こえていても発語器官の機能や相互の働きの連携が十分でなければ、正しい発音をすることができません。発音器官の働きは食べることとも関連しています。食べこぼしが多かったり、よだれがとまらなかったりすることがあれば、器官の運動の問題が考えられます。

　発音のおかしさが気になるとつい注意したくなるものです。けれども、子どもは、話し方に注意を受けたり笑われたりすることをとても気にするものです。そのため、話すことに自信をなくし、口数が少なくなってしまうことがあります。

　話し方より、話の内容をよく聞きましょう。話している途中で注意を受けると、話す意欲をなくしたり、話そうとしていたことを忘れてしまったりします。大人がよく聞くことで、話す意欲がわいてきて、話の内容がドンドンふくらみ、話し方が上手になっていきます。

子どもの話に対して、「ほんとー」「うん、うん」の繰り返しではもの足りません。

子ども「ウタギのオタータンよ」

母　　「ホーント、ウサギのオカアサンだね。赤ちゃんはどこかな」というように、正しい発音を聞かせたり、次の話が続くように話しかけましょう。このような大人の対応は、大変大切なことです。ですから、他の仕事をしながらではなく、子どもとの会話の時間を持つことも大切です。

発音に問題のある子どもは、運動が苦手だったり、手先が不器用だったり、食べ方が下手だったりすることがあります。発音は運動の発達ととても関連が深いのです。ですから、身体全体や手先を使って遊ぶ経験はとても大切なことです。自分で着替える、うがいをする、いろいろな物を上手に食べるなどができているでしょうか。口元の運動ばかりにとらわれず、日常生活全体にも気を配っていきましょう。

正しく言い直させるだけでは子どもにストレスがかかることになります。どこにつまずきがあるのかを丁寧に観察して、専門機関に相談してください。

(質問19)　クセになってしまっている間違った発音を直すにはどうしたらいいですか？「サシスセソ」は言えるし、「さる」は言えるのですが、「ウサギ」はどうしての「ウタギ」になります。おしゃべりの中では「サシスセソ」が「タチツテト」になってしまうことが多いのですが、どうしたらいいでしょうか。

それは、これまでの間違った発音の仕方が身に付いてしまっているためです。こんな時は、既に言い慣れたことばをすぐに直すのは難しいので、知らないことばや意味のないことば（イサ、サヨ、オサノ等）を言う練習をしてみましょう。十分慣れてきたら、日常よく使うことばを言い直す練習をします。文字が読めるようでしたら、文字を使うことも効果的です。これらのことができるようになってから、会話の中で正しく発音できるようにしていきます。くれぐれも焦らず、お子さんに辛い思いをさせないように、自信を持たせながら取り組むことが大切です。

知っていることばだと、どうしてもすでに覚えた発音が出てしまいますので、無意味語遊びをします。文字を書いたサイコロを２つ用意し、一方のサイコロには苦手な発音の文字（この場合はサシスセソ）を書きます。２つのサイコロを同時に振って、それを続けて

読むことで、意味のないことばでの発音の練習になります。変なことばになるので、それを楽しみながらゲームのようにやってみましょう。

「ひらがなサイコロ」（p.99 参考）

（質問20） うちの子には聞き取りにくい発音のことばがあり、周りの子どもたちとうまく遊べないみたいです。来年から幼稚園に行くので心配です。

　発音のつまずきと対人関係のつまずきが気になるのですね。幼稚園に入園する前に完璧である必要はありませんが、園の先生に、子どもを励ましながら話しをよく聞いてくださるように伝えておくのもよいでしょう。幼稚園の先生が、子どもの話をよく聞いてくだされば、友だちにもそういった気持ちが育ちますし、子どもも自信を持っておしゃべりをすることができるようになります。

　友だち同士の会話では、初めのうちは、できるだけ先生にも参加して、友だちとの関係作りの仲立ちをしてもらいましょう。子ども同士の関係が育ってくると、大人が入るよりも子ども同士の方が、分かり合えることが多いものです。

　まだ発音が聞き取りにくいからといって焦って直したり、しゃべるのを止めたりすることなく、入園までは大人が正しい発音でゆっくりと応答してやりながら、話すことの楽しさを共有し、関わりを増やして成長を待ちましょう。

4　口蓋裂の子ども

（質問21）　私の子どもは口蓋裂です。口蓋裂はことばの問題がおこると聞きましたが、どのような症状になるのでしょうか。

　口の中の天井にあたる口の中の上顎のことを口蓋と言います。口蓋裂というのは生まれた時からこの口蓋に割れ目のあることを言います。この子どもたちの中には唇も割れていていることもあり、その場合には口唇に手術の後があることで分かります。

　口蓋裂の子どもの発語には次のような特徴があるといわれています。
◇鼻声（鼻音性が強い音声）

◇発音に癖があり、ことばがはっきりしない

　このようなことがある場合には、特に注意します。口を大きく開けてもらい、口の中の天井をのぞいてみますと天井に割れ目や、孔や、手術の傷痕があれば、園医・校医の診断を受けるようにすすめます。「口蓋裂」と診断された場合、家庭とも情報を共有しながら対応していってください。

　口蓋裂の子どもは1000人に1～2人の割合で見られといわれています。現在では、医学が進歩してきましたので、早い時期に適切な手術をしてもらって正しいことばの指導を受ければ，発語や発音に支障は生じません。

　口蓋裂があると、口と鼻を喉の奥で遮断することができません（鼻咽腔閉鎖機能不全）ので、話をするときに、息が鼻から漏れてしまいます。そのために、話し声が鼻に抜けたようになってしまいます。鼻咽腔閉鎖機能は、手術や手術後の訓練により改善することができます。

　口蓋裂による歯並びの悪さや発音器官の働きが不十分なために、はっきりしない発音になります。また、無理に正しい発音に近づけようとして、独特の間違った発音方法を身につける子どももいます。発音は、手術や手術後の言語治療によって改善されますので、手術が終わるまでは、少しぐらい発音がおかしくても気にしないようにしてください。

　口蓋裂の子どもは、中耳炎にかかりやすいと言われています。中耳炎を繰り返すと慢性中耳炎になり、耳の聞こえが悪くなることがあります。耳の聞こえが悪くなると、正しい発音が育ちにくくなりますので、耳鼻科で定期的に診察してもらいましょう。

　子どもが頻繁に耳に触るようでしたら、痛みはありませんがつまった感じがしているかもしれませんので耳鼻科で診察を受けましょう。

　周りの人々の動揺や、病院通いの多さといった、環境的な影響で情緒が不安定になる場合や、器官の問題のため発音がはっきりしないなどのために、ことばの発達が遅れることがあります。しかし、これは周囲の人の接し方の改善や言語治療で防ぐことができます。

(質問22) 口蓋裂の手術をしましたが、まだ幼いので、発音指導は受けていません。よい発音を育てるために、家庭でできることがありますか。

　私たちは、舌・顎・唇・口蓋（口の中の天井）などを動かして発音をしています。口蓋裂であると、その機能がうまく働きませんので、発音がはっきりしません。そのような子どもに発音の注意をしたり、正しく言わせようと指導をしたりすると、喉の奥で音を作るなど特殊な方法を身につけてしまいます。こうなるとその後の、言語治療にも時間がかかります。

　また、発音の注意を受けることで、劣等感を抱く子どももいます。発音の注意をするよりも、家族が会話の中で正しい発音を聞かせていく方が大切なことです。

　正しい発音を身につけるには、正しい発音と間違った発音を聞き分けられる"よい耳"が育ってなければなりません。発音の指導は、まず耳の訓練から始めます。「聴く」ということは大切なことなのです。聞きたくなるような会話や気持ちのよい音楽などで質のよい日常を保障し、聴く態度を育てましょう。

　発音の器官は、食事を摂るための働きもしています。口蓋裂があると吸う力が弱いために、ミルクを流し込んで飲ませたり、離乳食を遅らせたりすることがあります。また、柔らかいものや細かく刻んだものだけを食べさせている家庭も見られます。しかし、これは、口の筋肉の発達を遅らせることになり、手術や言語指導に影響を及ぼすことになります。器官の働きを高めるために、健康な子どもと同じように、普通の食事の習慣をつけていきましょう。

(質問23) 発音に困難がある子どもに、家庭や園で楽しみながらできる練習があれば教えてください。

　吹く、吸うなどの息の遊び、噛むなどの口の周辺の筋肉の遊び、うがいなどを生活の中でしてみましょう。

　吹く遊びは、口と鼻を遮断する働きを高めます。また口に息をためたり吐いたり、声を作るのに大切な機能の練習にもなります。気をつけることは、何でも強く吹くのではなく、静かに長く吹けるようにすることです。吹き方の様子を記録し、医師やことばの先生に見てもらうとよいでしょう。楽しく、繰り返し続けることが大切です。

○ハーモニカ・ラッパ・笛・まき笛・など、吹く楽器で遊びましょう。（楽器は吸う遊びにも利用できます。）
○ろうそくの火を吹き消します。初めは近くで、少しずつ遠くへ。
○大きなシャボン玉を作りましょう。
○ストローでコップの水や石鹸水を吹く遊びをしましょう。また、その時間も計りましょう。
○綿やピンポン玉などの軽いものを吹いて、飛ばしたり移動させたりします。

ストローを日常生活で利用し、吸う練習をしましょう。一度に吸える量の変化を記録していきましょう。また、ストローは短いほど楽に吸えます。
○コップの水を吸い出して、別のコップに移して遊びましょう。
○ストローで紙などを吸い付けて、別の場所へ移動させて遊びましょう。

3～4歳ぐらいになったら、うがいができるようになります。いきなりうがいをすると、むせてしまい、うがいの嫌いな子どもになってしまいます。少しずつ練習をしましょう。次のように、口の中に水を含むことから慣れさせていきましょう。

①口のに水を含んでそのままでいる。
②口に水を含んだまま、モグモグをしたり声を出したり、部屋の中を歩き廻ったりする。
③口に水を含んだまま上を向く。
④口に水を含んだまま上を向いて口を開ける。
⑤口の中に水を含んだまま上を向いて、息を出す。
⑥うがいをする。

5 難聴の子ども

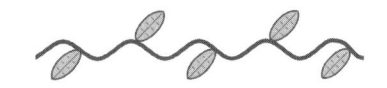

(質問24) 1歳をすぎたばかりの子ですが、耳が遠いのではと思うことがあります。家庭で確かめる方法がありますか。

　聞こえ方は、成長と共に変わってきます。おおまかには、下の表のようになっています。このような反応の有無で、聞こえているかどうかを判断することができます。

新生児	大きな音に手足をビクッとさせたりして反射する
4ヶ月頃	おもちゃ、テレビ、戸の開閉の音に振り向く 聞き慣れた大人の声に振り向く
6ヶ月頃	話しかけたり歌ったりすると、じっと見る テレビやラジオの音に敏感に振り向く
7ヶ月頃	コマーシャルや音楽の変わり目などに音のする方にパッと振り向く（音の方向が分かってくる） 「コラッ」としかると泣く。あやすと笑う 「ブーブー」「バーバー」と意味のない声を出す
10ヶ月頃	名前を呼ぶと「アー」と答える 「ママ」「ネンネ」などことばの真似をする
1歳すぎ頃	隣の部屋の物音などを気にする 簡単なことばの指示に応じて行動する

　ただし、これは平均的な発達の様子で、個人差があります。上記の行動が欠けている場合には、具体的にどれができないかを明記して医師に相談しましょう。

(質問25) 音に対して反応が少なく、名前を呼んでも気づかないことがあります。ことばの覚えも同じ年齢の子どもに比べて悪いように感じます。

　名前を呼んでも振り向かない、音に反応しないなどの場合には、まず聴力検査をしてもらいましょう。標準聴力検査・新生児聴力検査・聴性反応行動観察聴力検査・遊戯聴力検査があり、小さいお子さんが眠ったまま検査を行なう聴性脳幹反応聴力検査があります。ことばの聞こえ方を検査する語音聴力検査があります。

　耳の聞こえが悪いと情報が入って来ないので、どうしてもことばが遅れてきます。しかし、耳の聞こえが悪いのであれば、補聴器をつけて、ことばの指導を受ければ、その遅れは修正されうるのです。

ことばの覚えが悪い場合は、耳の聞こえの他に、知的な発達の遅れ、対人関係の障害なども考えられます。それらの障害が心配であれば、発達相談などに相談してください。

　また、名前を呼んでも振り向かない背景に、障害とは関係のない「いつもテレビがつきっぱなしで聞いても聞かなくてもいいような音声が流れている」「子どもに向かって話しかけることがなく、子どもはいつも聞き流している」など、聞く習慣ができていないという場合もあります。その時は、子どもと楽しい話や音楽などを共有して、たくさん聞く機会を作ることで、徐々に聞く習慣が身につき、ことばの改善ができます。

（質問 26）　わたしの子どもは、耳鼻科の診察で 60 デシベルの聞こえだといわれました。これはどういう意味でしょうか。

　デシベル（dB）は音の強さを表す単位で、数が大きいほど強い音を示します。「60 デシベルの聞こえ」とは、60 デシベルよりも強い音なら聞こえるということです。音の強さを会話の声の程度で示すと、下の表のようになります。

音の強さ（1m離れて）	会話の声や音の程度
20～30 dB	ささやき声・深夜の郊外
30～40 dB	静かな会話・静かな事務所・こおろぎの鳴く声
50～70 dB	普通の会話・静かな車の中
70～90 dB	大声の会話・セミの声・電車の中
90 dB 以上	耳のそばの叫び声・車の警笛・タイコ・笛・スズ

　また、同じデシベルでも、人によって聞こえ方は違います。どんな種類の音が聞こえにくいかを聴力検査の時に聞いておいて、子どもに負担がかからないように配慮することが必要でしょう。

（質問 27）　テレビをよく見ているので、聞こえていると思っていましたが、ことばがはっきりしませんし、小さな音や声に無関心です。聴力に問題があるのではないでしょうか。

　まず、テレビを消しましょう。子どもにとってテレビの中の会話や大人のセリフは早口すぎて、抑揚なく聞こえています。テレビをよく見ていて、直接の語りかけが少ない子は、モノトーンで早口で、聞き取りにくい話し方になる傾向があります。まず、テレビを消して、

大人が直接子どもに話しかけるようにしましょう。

　難聴も軽度ですと、大きな音は聞こえますし、見ることで周りの状況を察知し、行動することができます。そのために、聞こえの悪いことに気づきにくくなることがあります。

　直接の関わりの中で、ささやき声が聞こえていないようだったり、音の真似が上手にできないようであれば、耳鼻科の診察を受け、聴力測定をしてもらってください。

　なお、難聴でなくても、対人関係や知的な発達の遅れが原因になって、聞こえていないようにみえることがあります。

(質問28)　補聴器をしているので、聞こえていると思うのですが、物事やことばの理解がよくありません。どうしてでしょうか。

　あなたが補聴器をつけてみてください。どんな音も大きく聞こえて、とてもうるさいことでしょう。近くの音の方が大きく聞こえ、一番聞きたい遠くの音が聞こえにくいこともあります。補聴器は万能ではありません。また、直接耳で聞いている音とは違う感じに聞こえることもあるでしょう。難聴の子どもはもっと聞こえにくい状況にあります。このように補聴器は、つけさえすればよく聞こえるというものではありません。したがって、子どもに話しかける時は、ゆっくりはっきりと言うように心がけましょう。また、ことばかけだけでは理解が困難な場合もありますので、視覚的に物やその場の状況を分かりやすくすることが大切です。

　補聴器を装着しても、お子さんが聞こえている様子が見られなかったり、うるさい様子があれば、補聴器販売店や聾学校で補聴器の調整をしてみましょう。変化が出てくるかもしれません。

　補聴器の調整に関する表を周波数特性表と言い、高い音を大きくしてある度合いや低い音を押さえている度合いなどが分かります。周波数特性表の見方を一度聞いておくと便利です。

（質問29）　難聴の子どもとの会話で、どのような点に配慮すればよいでしょうか。

　子どもの話によく応じ、まず話すことへの意欲を持たせましょう。たくさんのことを教えなければと思うあまり、大人が指導的になってしまうと、子どもは話す意欲を失ってしまいます。子どもが話しかけてきた時は、発音に間違いがあっても、気持ちよく応じましょう。ことばにならない声で要求してきた時でも、大いに認め、受けとめていくようにしましょう。

　子どもさんは何に興味を持っていますか。子どもが感動や喜びを持つものを知って、それに熱中している場面でことばかけをしていきましょう。興味あることについては、家族が一緒に楽しく話してくれることは、何よりも嬉しく心に残るものです。

　話しかける時には目に見える手がかりをいつも準備して、ことばのイメージを育てることが必要です。

　「桜が咲いて、葉っぱが出てきて、紅葉し、そして散っていく」、このような一連の物事や自然の変化を見せていくことも大切なことです。難聴の子どもにとって、物をよく見たり観察したりすることは、聞こえの不足を補う大切なことなのです。また、人と話をする時は、相手の口元や表情を見るように指導しましょう。大人側の口元が陰になったり、逆光になったりしないように注意しましょう。

　発音は、初めのうちは気にしないでいましょう。まずは、意味のあることばをたくさん使えるようになることです。発音は、たくさん聞くことや使うことで次第に改善されていきます。周りの人は、はっきりと分かりやすく話して聞かせることが大切です。発音指導は焦らず、根気強く、お子さんの負担にならないようにすすめていきましょう。

（質問30）　難聴の子どものことばを育てる上で、どのようなことを心がければよいでしょうか。

　幼児や小学生の頃は、大脳が発達していく時期です。この間は、残された聴力を最大限に生かし、大脳の発達を促す訓練が重視されています。そのためには、いろいろな音を聞かせ、音の意味を理解させましょう。

まず、周りの人の声をたくさん聞かせましょう。日常生活の一つひとつの出来事を丁寧に説明して聞かせます。また、生活の中にはいろいろな音が聞こえています。卵の割れる音、物の落ちた音、そんな些細な音の意味を説明していくことが大切です。そういった日常の繰り返しが、音のある生活を理解していくことになります。また、遊びには、音の出るおもちゃ、歌や楽器を積極的に取り入れていきましょう。

　難聴の子どもは、耳から聞こえる情報だけで、物事を理解することはまだ苦手です。ですから、いろいろな経験をさせるとともに、経験しているその場でことばをかけることが大切です。経験を重視し、目に見える手がかりをたくさん準備しましょう。

　外出した時の思い出など、目に見えない場面について話す時は、写真やそのことを思い出せる物などを準備し、イメージがわきやすいようにしましょう。そのためには、出かけた先で子どもの心に残った物（パンフレットやチケットの半券、割り箸の袋など）を持ち帰っておくとよいと思います。最近はデジタルカメラが普及してきましたので、画像に記録し、家に帰ってから一緒にみることもできます。

　幼いうちは、話しことばを中心にした指導を大切にしますが、それだけではどうしても限界があります。ですから、話す人の口もとを読む口話法や、手話や指文字、書きことばやメールなどを利用することが大切です。何をどのように使っていくかは、言語指導の先生と話し合っていくとよいでしょう。

6　吃音（きつおん）

（質問31） ４歳の子どもですがこの頃おしゃべりをするとき、つかえることがとても多くなりました。このような子どもを吃音というと聞きましたが、吃音の原因はどんなことでしょうか。

　「うちの子はどもるのではないでしょうか」とか「この頃ことばを繰り返したり、つっかかったり、一つの音を長く伸ばしたりすることが多いのですが、大丈夫でしょうか」という心配は、２歳から５歳くらいまでの子どもに多いようです。この２歳から５歳までという年齢は、理解やことばだけでなく、身体や心の発達の面でも変化の大きい時期です。

　急激にことばの数が増加し、ことばを用いた表現力は目立って豊かになってきますが、まだ十分にことばを使いこなせるまでにはなっていないというきわめて不安定な時期でも

あります。十分にことばを使いこなせないために、同じことばを繰り返したり、話すことをためらったり、ことばを思い出すために「えーと、えーと、えーと」「うんとね、ね‥‥」等と「合いの手」を入れたりして、もたもたした不自然な話し方になってしまうのです。

この点に関しては、アメリカの有名な言語病理学者のヴェンデル・ジョンソンという人が、2歳から5歳の保育園の子ども200人について調べた資料によれば、遊びの場面などで1000語について49回の割合で、吃音の症状のような音や音節、句、単語などの繰り返しがみられたといいます。ですから、このような話し方が2歳から5歳の子どものむしろ普通な話し方であるといえます。

ところが、一般的な「ことばの未熟さから起こる吃音に似た話し方」をしている子どもに対して、それをごく当たり前のことだと受けとれない両親は、無意識のうちに子どもの話し方を注意して聞くようになり、今まで気にならなかった子どもの細かな話し方まで気になって、「吃音かもしれない」「みっともない」「早く治してやりたい」と、心配やイライラがどんどん高まっていきます。

こうした両親の気持ちは、子どもが話すときに「もう一度ゆっくりいってごらん」「慌てないで、はっきりと言いなさい」「もっとゆっくりと落ち着いて話しなさい」などと注意することになり、子ども自身も話し方を気にするようになってゆくのです。

「自分はどうもスラスラ話せない」「自分の話し方はほかの子と違うらしい」という気持ちから、子どもは話し始める前から心配になり、なんとなく不安な気持ちになり、ますますうまく話せなくなります。そして両親に注意をされたり叱られたりして自信を失っていき、悪循環となって少しずつ吃音に変わっていってしまいます。

吃音の発生の原因をこのように考えていくと、吃音の問題のそもそものきっかけを作ったのは、本人ではなく聞き手の態度ということになります。つまり2歳から5歳の子どもは、ことばのつかえやすい状況、吃音の起こりやすい状況にありますが、それを本物の吃音にするのは、日常的に関わっている周囲の大人の態度にあるということができます。

したがって初期の吃音の指導は、本人に対する直接的なことばの訓練はほとんど必要なく、保護者を通して、その子どもの環境条件を整えること、周囲の人たちの子どもに対する接し方を指導していくことが大切です。吃音は独り言や夢では生じないことからも、吃音は関係の中で生まれることが分かるでしょう。吃音を起こりやすくする緊張をやわらげ、安定した安心できる関係を心がけましょう。

(質問32) 吃音をよくするためには周りの者はどうしたらいいのでしょうか。

　吃音には「トトト…」と最初の音を繰り返す単発性吃音から始まることが多いようです。これは多くの幼児には一時的に見られるものでもあり、ゆったりした関係の中で関わることで快復することがほとんどです。

　それがうまくいかなくなると、一回で済まそうとして「トーー」となるのが伸発性吃音であり、治療が必要な場合もあります。さらに、それがさらに何とかしようとプレッシャーがかかると発語の前に声が出ない間が生じる難発性吃音の症状に発展します。こうなると、専門家による心理治療や言語治療が必要になります。

　随伴性運動を伴う症状が見られる場合には、重症チック同様、心理治療が必要な場合も多くなります。

　子どもへの肯定的な受けとめが吃音の症状を減らします。

　吃音の子どもも、そうでない子どもも、一般的な生活の上での関わりはは全く違いはないと考えてよいでしょう。一人の子どもを心身ともに健全に成長させるために必要な一般的な配慮が、吃音の子どもにとっても大変大切だということです。そうした心や身体の健康上、よいと思われる配慮をしていく中で、現れている吃音の症状も少しずつ減り、本人も周りの人もそれを気にしなくなるようになってゆくことが多いものです。

　子どもの視点で考えてみると、まだまだ周囲のでき事に対して理解できないことは多いわけですから、大人にとっては何でもないようなちょっとしたことでも、ビクビクと心配したり、イライラしたり、不安になったりするようなことがたくさんあるのかもしれません。子どもたちとの一日の生活を振り返ってみて、周りの大人としてその原因を取り除いたり、安心させたりすることが必要です。そして、身体的な面でも、心の面でも、通常の子どもたちと同じような生活ができるように、周りの者がみんなで協力することが大切です。

　そして、子どもが自分自身に自信が持てるように励まし、できるだけ安定した気持ちで過ごしていけるようにすることも大切です。例えば、幼児の場合には、夜寝る前に絵本を読み聞かせたり、短いお話を語り聞かせたり、静かな歌を歌ったりというようなことが、安心とことばの両面からよいと思われます。

　また、子どもの長所を認めて伸ばしてあげること、できるだけいろいろな経験をさせて、子どもの新しい興味や関心を育ててあげることも吃音を軽減させてくれるでしょう。

（質問33）本人が吃音の状態になることをとても気にしているのですが、どうしたらいいでしょうか。

　お話をすることを通して、心から満足感を味わえる子どもは、もっと話をしたいと思うようになります。逆に話をすることで、不安な気持ちを抱くようなことがあると、次第に話しの嫌いな子どもになってしまいます。つまり、子どもに対する聞き手の態度が重要なカギを握ることになるのです。お話をすることが好きな子どもにしましょう。

　特に、ことばを使う能力がまだ十分でない子どもに対しては、言いたい気持ちを十分に尊重してやり、「あ・・・あ・・・」と言いかけて困っているときには、「落ち着いていってごらん」というのではなく、「そう、なあに？」と受容的な態度で受けとめて、気長に待ってあげることが大切です。

　幼い子どもの場合は、多少つかえながら話していても、聞き手に受け入れられるだけで満足感を味わえるものです。そうすると、子どもはみんなと一緒に歌をうたったり、遊びながら話し合うような楽しい場面では、自分のことばのつまずきを気にかけずに話しをするようになります。

　たどたどしく話していても、ことばを何度も繰り返してつっかかっていても、発音がおかしくて聞きにくくても、思う存分話させて真剣によく聞いてあげることが大切です。

　周囲の大人は早口で話しかけないようにし、ゆったりと余裕のある態度で、しかも分かりやすく、まず、見本を示してあげましょう。

　お母さん自身が吃音をこわがらず、恥ずかしいものではないという正しい吃音の知識をしっかりと身につけることが必要です。

　また、ことばを繰り返したり、つかえたりする吃音の症状は、何かの条件によって、重くなったり軽くなったりすることがよく知られています。そこで、どのような条件が整うと吃音の症状が「軽く」なるのか、ということについて観察することが重要になってきます。そして、よくする条件をたくさん与えてあげることと、症状を悪くする条件を取り除いてあげることが、最もよい手助けになります。

＜ことばのつかえやすい場面例＞
①必要なことばや言いまわしを知らなかったり、適当なことばが見つからなくて迷うようなとき。

②物の名前がはっきりしなかったり、発音や構音に自信がないとき。

③結果が困ったことになるような、良いたくないことを無理に言わせられるとき。例えば、自分がした悪いことを母親に話さなければならない場合など。

④言いたいことをさえぎられるとき（さえぎられそうになったとき）。例えば、せっかく話し始めても、周囲の人に途中で話を横取りされた場合など。特に、兄弟姉妹の多い家庭では、年下の子どもがよく経験することです。

⑤よく聞いてくれない相手に話しかけるときとか、聞き手の注意がそれているとき。新聞を読んでいるお父さんに意気込んで話しかけると、こうなりやすいのです。

⑥早く話すようにせきたてられたり、急いで言ってしまおうとしたりするとき。

⑦ことばのつかえを心配して、ハラハラしている聞き手に話しかけたり、ことばに厳しい聞き手に話しかけるとき。

⑧禁止や抑制が多すぎるとき。子どもの生活では、「いけません」「だめ」「もっと落ち着いて」などと事あるごとに連発されている場合さえあります。これらは欲求不満という形になって緊張を高め、ことばのつかえやすい状態にさせます。

＜話しやすい場面＞

① 歌をうたうとき。
② 誰かと一緒に声をそろえて話したり、読んだりするとき。
③ 独り言を言うとき。
④ かわいがっている犬やネコに話しかけるとき。
⑤ 気楽な相手と楽しいおしゃべりをするとき。
⑥ 連続的に言うとき。

など、子どもに合わせて見つけてゆきましょう。

　この他にも、いろいろな条件があると考えられます。また、ここにあげた条件の全てが、どの子どもにも同じように影響を与えるものでもありません。

（質問34）吃音への対応は、幼児の場合と小学生の場合とに違いがありますか。

　これまでの質問に対してお答えしてきた吃音の子どもへの対応については、主に幼児の吃音を中心に考えきました。小学生の吃音についても基本的な扱い方、対応の原則的なこ

とは変わりませんが、字が読めるようになり、本読みなどの課題が出たりするので、対応の違いについて整理してみましょう。

幼児期の吃音（初期の吃音）については本人に吃音を意識させないようにすることが大切です。この時期の大きな特徴は、子ども自身がまだ自分の吃音をはっきり意識していないということです。したがって、対応のねらいとしては次のようになります。

第一に、本人に吃音を意識させないようにすることです。本人への直接的なことばの訓練はしてはいけません。お母さんに、吃音についての正しい考え方、扱い方を勉強していただき、本人を取り巻く環境条件（特に、ことばの環境）を望ましいものにすることが大切です。

第二には、ことばのつかえと関係がありそうな条件を、できるだけ取り除いたり、改めたりすることが大切です。

第三には、子どもの話しことば全体、ひいては心身両面の健全な発達をうながすことによって、吃音の問題が自然になくなるのを待つことが大切です。

小学生の吃音については、一緒に声をそろえて読んだりすることで吃音の子どもでもつかえなくなることがあります。基本的なことは幼児の場合と変わりはありませんが、幼児の場合と比べて、学校生活という大きな環境の変化があり、生活環境が広がってくるので吃音の特徴も少しずつ変わってくることが予想されます。いろいろな意味で、自分のことばについて不安を感じたり、不快な目にあったりする条件が多くなってきます。そのため、自分の吃音について気になり始め、だんだん意識してくる段階です。また、学校生活は勉強が中心になり、読むことや発表することが新たに生活の中に入ってきます。

本を読む学習の失敗は、吃音を悪化させる場合があるので、十分に気をつけなければなりません。一緒に声をそろえて読むと、吃音の子どもでもつかえませんのでこの方法を家庭の指導にも取り入れるとよいと思われます。

（質問35）家庭での吃音への対応の具体的プログラムがあったら教えてください。

家庭で保護者に実行していただく、チェックリストを紹介しましょう。

次のようなことについて、振り返ってみましょう。⑤⑨以外は吃音を悪化させる原因になります。

①子どものためにいらいらさせられたり、また子どもをいらいらさせたりしなかったか。
　そのようなことがあった場合、どうしてそうなったのか。

②子どもに、込み入った内容を、早口にたくさん、または長々と話しかけなかったか。
③子どもにたくさん質問して、もっとたくさん話すように言ったり、ことばに関しての禁止や強制や抑制をしなかったか。
④子どもが話しかけているとき、座を立って他のことをしたり、また子どもがまだ話し終わっていないのに、「分かった」とうなずいて話を中断させたりしなかったか。
⑤愛情を子どもに十分分からせるような態度を示してきたか。
⑥注意しすぎたり罰を与えすぎて、子どもに自分はだめな子だと感じさせるようなことをしなかったか。
⑦いつも静かに、おとなしくしていてくれることばかりを願って、騒ぐのをやめさせてばかりいなかったか。
⑧子どもがつかえたとき目をそらしたりして、こちらの不安な気持ちを悟られるような態度を示したのではないか。
⑨子どもと楽しく話し合う時間を少しでも持つことができたか、そして楽しい話し合いや遊びができたと思うか。

　禁止のことばの回数を調べてみましょう。自分では意識していないのに、注意の多いお母さんがいます。どのくらい禁止のことばを子どもに与えているか、客観的に知るのはよいことです。
　子どもに対する禁止のことば（だめです、やめなさい、してはいけません、もっとちゃんとしなさい…など）の回数を調べてみましょう。午前中の一時間とか時間を決め、できれば誰か他の人に数とりを頼んでください。
　親は子どもの欠点ばかり目につくものですが、子どもの長所を見つけることができれば、安心して、いくらか子どもに対する注意の回数も少なくなるでしょう。この課題は子どもと接触する時間の多い冬休みや夏休みに子どものよい行動をメモしてみましょう。それを一週間続けて記録してみましょう。
　次に、子どもが話しやすい場面、話しにくい場面とはどんなときかを観察し、記録しましょう。このことは吃音の対応の手がかりになります。まず、3ケ月間に限って観察してください。メモ用紙をポケットに入れておいて、気がついたときには、すぐに記録するのがよいでしょう。

7　その他のことばの問題がある子ども

(質問36) ある時期から幼稚園で全く話をしなくなりました。家ではよくしゃべっているのに、どうしたのだろうかと心配しています。(場面緘黙)

　3～4歳の頃から、幼稚園や学校など集団の中で、突然話さなくなることがあります。これは、社会経験が乏しくて、まだ集団になじんでないような場合や、ちょっとした失敗でいやな思いをしたとき、不安なことがあるとき、転居などの急激な環境変化等、子どもが処理しきれない強いストレスよって起こるといわれています。しかし、これといった原因が見当たらない場合も多くあります。

　このようなは、不安が軽くなることで回復することも多く、無理に話させたり、「ちょっとでも声を聞かせて？」などと、話すことを過剰に期待すると、かえって緊張が高まってしまいます。まず、『どんなところでも安心なんだ』という気持ちが持てるように、ことば以外の表現手段でのコミュニケーションを促しながら、不安を軽減することが大切です。

　長期間このような状況が続く場合、相談機関や療育センターなどではプレイセラピーや非言語的な箱庭療法、絵画療法などによって、緊張を和らげたり表現を促したりします。

(質問37) 3歳になる子どもですが、動きが激しく少しもじっとしていません。何かしてほしいことがある場合以外は、人との関わりも少ないと思います。話すことばも少なくて心配です。

　落ち着きのなさや人との関わりの乏しさが心配なのですね。動きの多い子どもの場合、親は子どもの後を追うことが多くて、落ちついて、子どもの気持ちが和らぐようなことばをかける機会が少なくなっているかもしれません。ことばは落ち着いて気持ちが安定しているときに最も吸収されます。

　いつも落ち着いていない子どもでも、好きなことや何かに対しては集中したり、落ち着いたりしていることがあります。その時に、「今は悪いことをしていないから、静かに放っておこう」としがちですが、そんな時こそ、子どもが人のことばに耳を傾けたり、家族の人と関わったりできるよいチャンスだと思ってください。何かを教え込もうとするのではなく、子どもが興味を持っていることを見つけて、「おもしろいね」「動くねぇ」「かわいい

ね」などと、ことばにして聞かせていきましょう。まず、身近な人のことばを聞く経験を積み重ねることが大切です。

(質問38) 私の子どもは自閉症です。コマーシャルや「イタイ」「コンニチワ」など独り言を言うことはできますが、私が話しかけてもそのことばを真似ることが多く、会話になりません。どのように会話を教えていけばいいでしょうか。

　まず、子どもの大好きな遊びを一緒にすることを心がけましょう。そのとき、大人が遊びをリードしすぎて指示や禁止が多くなったり、ことばかけが多くなり過ぎたりしないように注意してください。自分のペースでないと、落ち着かなくなったり緊張したりして長く遊べなくなってしまうのが、自閉症の子どもの特徴です。

　遊びの中で、子どもが何か要求してきたときは、それに応じたり、子どもの動作やことばを真似てみましょう。これらの大人の行動は、子どもの中に人への関心を育てることになります。一緒に遊ぶことに慣れてきたら、遊びに関係のあることば（物の名前・動作のことば・掛け声など）をかけたり、遊んで見せたりしましょう。

　このようにして、一番身近な人から、家族の皆へと一緒に遊べる人を増やしていきましょう。

　初めは、大人のことばを真似しているだけのように思えても、根気よく続けることが大切です。遊びの中のことば、日ごろよく使う物の名、挨拶や人の名前など、繰り返し聞かせましょう。「物には名前があるらしい」「このことばはこんな時に使うのか」というようなことが分かっていくように、具体的な物や場面にあわせて分かりやすいことばで伝えることを大切にして、ことばの意味が理解できるように根気よく語りかけましょう。

(質問39) 自閉症スペクトラムといわれています。能力はあると思うのですが、友だちとの遊びに関心がなく、不器用で友だちからも否定されることが多いため、全てに自信を失っています。何事にも積極的に取り組もうとしないのですが、どうしたらいいですか。

　知的な遅れのない自閉症スペクトラムの子どもは、自分の苦手さが分かるだけに、傷つきやすいとも言えます。無理な叱咤激励はしないで、長所を伸ばし自己有能感を育てることが第一です。この子たちは部分的な遅れや能力の偏り、特異な行動などがあるために周りから理解されにくく、自分自身も必要以上に自分の能力を過小評価したり、自信を失っ

たり、自発的な行動することにためらいを多く持っています。

　このような子どもたちへの対応の基本は、一人ひとり長所を素早く見つけ出して伸ばし、自己有能感を育てることです。

　保育者は治療や療育の専門家ではなく保育（子どもの持っている能力を伸ばす）の専門家ですので、できないことや障害を見つけるのではなく「できないことよりできること」「悪いところよりいいところ」を見つけるプロであることを心しなければなりません。このことによって自己に対して自信を持ち、自分から積極的に周りに働きかけ、能動的な適応力を伸ばすことができるようになります。

　次に、「できないこと」「できそうだけど無理なこと」「できること」とをはっきりとさせ、活動に取り組む時には、まず「できること」から始めることが大切です。なぜなら、自閉症スペクトラムといわれる子どもたちはこれまでに、「できないこと」や「無理なこと」「苦手なこと」ばかりに取り組まされて、嫌な思いや恥ずかしい思いばかりさせられてきて、課題に対して無気力になっている場合が多いからです。まずその子の長所を大切にし「できること」に取り組ませ、自信を回復させることから始めてください。

　自閉症スペクトラムの子どもたちは、一見ごく普通の能力があるように見えることが多いので、「努力が足りない」「やる気がない」「なまけている」と言われてきた生育歴を持っています。プロとして、その間違いを繰り返してはならないのです。

（質問40）自閉症スペクトラムの子どもがいて、音や匂いや環境の変化に敏感すぎて馴染めず、興奮してしまうのですが、どうすればよいでしょうか。

　聴覚や嗅覚が過敏で一番辛い思いをしているのは本人です。音や匂いの中でも、何が興奮の原因になっているかを確かめ、必要なもの以外は片づけて、目に触れないように環境を整えてください。

　感覚過敏を持った子どもたちは、一般的に注意が散漫になりやすい傾向にあるので、保育場面では必要なもの以外は片づけ、机の上や身の回りは整理整頓しておくようにします。周囲に落ち着いた世話のできる友だちをおき、子ども同士で支援し合える体制を作ったりして、落ち着ける環境を作ることも大事でしょう。

　また、音や匂いに対して過敏だったり、環境の変化に敏感だったりするために、大きな集団の中で耳を押さえていたり、教室から出て行ったり、大きな声の友だちを嫌がったり

することがあります。それをその子どものわがままと思わないで、どのような音や匂いなどが嫌なのかを詳しく見極め、大きな声や音が嫌な場合には静かな環境を保つようにしたり、集団の端に座らせて雑音を防ぐような耳栓を使うなどの配慮が必要なのです。

　自閉症スペクトラムの子どもには、指示は短く統一したことばかけを心がけ、活動の流れを視覚的に伝えるように工夫します。この子どもたちは、ことばによる状況の理解が苦手です。「お外に出ましょう」と「お庭で遊びましょう」が同じ意味のことばだと理解するのに時間がかかり、とまどってしまうことを理解しましょう。短いことばを使い、統一した言い方で話しかけるようにすることで子どもの戸惑いを避けることができます。

　また、目で見て理解することは得意な子どもが多いので、ことばだけでなく、実物や絵、写真などで次に何があるのか、この行事は何をするのかを伝えるようにするとよいでしょう。行事などの説明をするときには前年度の写真などを使うと、理解しやすく便利です。

　理解しやすいということは、その子どもにとって自分の周囲で起こることが安心できるということであり、安心できる環境の中にいる子どもは、余裕を持って周囲からの指示や行動に対応できることになります。

　さらに、次の課題に移ろうとする時に環境が変わるような不安を感じて嫌がる場合があるので、「今日は、これをやるのだけれど、どれからやろうか」といったように、全体を示し、本人に順序を決めさせたり、課題をはっきりと持たせて、できるだけ単純な形で話をしたりして見通しをもたせるような工夫が必要です。

　特に自閉症スペクトラムの子どもたちにとっては、「決まったことはいつも決まったところでさせるようにする（物理的構造化）」「一日のスケジュールを見て分かるように工夫する（スケジュールの構造化）」「課題を与えるときは、ことばだけでなく、目で見て分かるように示す（視覚的構造化）」等、TEACCHプログラムを参考にしながら構造化による支援を行うと、本人も見通しが立てやすくなって安心感が増すと言われています。

（質問41）注意欠陥多動性障害（AD/HD）の子どもがクラスにいます。何度注意しても言うことを聞くことができないのですが、どのような支援をすればよいでしょうか。

　この子どもたちは集中して聞けないから話しが理解できないのであって、聞いていないとか、理解力に問題があるわけではないと言えます。この子どもたちには、まず集中できるように名前を呼んで注意を促し、保育者に目を向けるように促すことが大切です。また、大事なときは

保育者の顔の近く（前）に持ってきて見せることで集中することができることがあります。

　この子どもにとっては、大人の言うことを無視したり、軽くみているわけではないことを理解してください。ですから、「何度注意してもいうことを聞かないで！」と厳しく一方的に子どもを叱るのではなく、本人も言うことがよく分からなかったり、どうしていいのかが掴めなかったりして分かりにくい世の中である辛さを理解して接し、信頼関係を作るようにしてください。

　気になる行動が続くと「またしたの」「何度言ったらわかるの」と、つい子どもに厳しい対応をすることが多くなりますが、そうすると、子どもも「先生、怒ってばっかり」という気持ちになり、信頼関係を作りにくくなります。子どものしている行動は『わざとではない』ということを思い起こして、注意されていることがよく分からなかったり守れなかったりする子ども自身の窮屈さを理解して見守ってゆくようにすることが大切です。

　また、注意欠陥多動性の子どもは忘れやすいという特徴もあります。言語保存の脳の部分の機能がうまくいっていないようです。記憶ができない＝保存できないという特徴があることを理解し、個別に繰り返し語ることで記憶できるように支援することが必要でしょう。

（質問42）AD/HDの診断は受けていませんが、保育者の話す話に集中できない子どもにはどのように対応したらよいでしょうか。

　集中できないのは、子どものわがままではなく、集中することを妨げる物に目が行きやすい脳を持っていると考えてください。診断名はなくても、必要な支援をすることは可能でしょう。

　話をするときには、実物や絵など興味を引くような物を準備し、保育者の顔の近くでその物を見せるようにすると保育者のお話に集中しやすくなります。さらに、時折名前を呼んで集中できるよう配慮したり、話をわかりやすく、短くしたりする工夫することで集中を助けてあげてください。また、気が散りやすいので、保育室の環境も気を引く刺激が過剰にならないよう、よく整理整頓しておく必要があります。

（質問43）場の空気を読むことができないのか、外やお店などでネガティブなことばや禁止されることばを好んで使うことがあります。どうしたらいいでしょうか？

　子どもたちはそのことばをどこかで聞いて覚えているに違いありません。それが家庭な

のか園なのか、それ以外かは分かりませんが、そのことばを何度も聞いて、しかもそのことばに対する大人の反応が本人がそれまで得られた反応と違っていたために、獲得してしまったものでしょう。それらを禁止するだけでは収まらないことが多く、また、慌てる親の反応が特別な報酬に感じてしまうこともあります。その子にとってもっとすてきな会話やことばをたくさん体験できる絵本や日常の会話を作り出すように心がけましょう。

日常のことばの体験が豊かな柔らかいものであることは、子どもの全ての体験を温かいものにします。そのことばを叱られるのではなく、より美しいことばや柔らかいことばをたくさん浴びる日常を作り出すことが遠回りのように見えて最も効果があるようです。

(質問44) 学習障害がある子どもにも、ことばのつまずきが生じるのでしょうか？

読む・話す・聞く力は記憶に繋がっています。そのために学習障害の子どもたちにも、ことばのつまずきは多いようです。学習障害を持つ子どもは、言語だけで記憶するのは、困難が生じるのですが、身体の動きにイメージを伴って記憶するようにすると記憶を助けることができます。

ことばを増やすために苦手な丸暗記を強いるのではなく、子どもの得意な分野を助けに使いながらリズムや曲をつけることで覚えやすく工夫することも保育者ができる工夫です。ことばは本来的に音楽性やドラマ性、イメージ性・身体性という属性を持っています。それを意識して伴わせることでことばに肉付けをすることが、子どものことばを促すのです。このような内実のあることばを子どもの中に促すことができるのは日常保育に関わる保育者しかいないと言えましょう。

第3章

牧野・山田式
言語保育発達検査とその活用

1 牧野・山田式言語保育発達検査の特徴

「牧野・山田式言語保育発達検査」は、保育現場で出会うと思われることばのつまずきについて、保育者が日常保育の中で実施できることを目的に、これまであった数々の発達検査・知能検査・言語検査を総合して構成されています。

この牧野・山田式言語保育発達検査は、子どものことばのつまずきをチェックするためだけではなく、その結果に基づいた「その子どもに最善の保育を工夫する」ためのものであることを、保育者として理解し、またその立場にいる方が使用してください。

なお、この検査は、保育や子育ての中での子どもへの対応を中心に構成されていますので、具体的な支援マニュアル（第4章）と関連させながら活用してください。

「牧野・山田式言語保育発達検査」は30分ほどの時間と簡単なミニチュア（ぬいぐるみ）やカードで、子どものことばにかかわる問題点の概要を把握することができます。対象は2歳から小学1年生までくらいを想定していますので、発達年齢が対象から外れる子どもについては十分配慮しながら活用してください。

1 検査を始めるまで

ことばの支援が必要と思われる子どもの場合は、その検査と支援のステップを組みたてるために、事前に以下の基本情報がある方が支援のポイントとして定まります。

（1）成育歴
・生下時体重、生下時のトラブル
・乳児期の身体発達（定頸・寝返り・お座り・つかまり立ちなど）
・離乳食の開始や内容
・初語の時期、1歳6ヶ月時の発語数、現在の発語数
・幼児期の発達で特記すべき事項
・口蓋裂や聴覚障害については発見の時期、手術の時期、補聴器装着の有無など

（2）家族・担任の面接調査
・ことばの問題に対する親の気持ち
・ことばの問題に対する子どもの困惑度

・（障害と思われる症状の場合）障害に対して親はどのような感情を持っているか
・周りの友だちとの関係や生活の様子
・ことばの障害によって現在の生活に起こっている問題
・家族関係

2　牧野・山田式言語保育発達検査で配慮したいこと

（1）子どもが「この検査は楽しいな」と思うような検査にしましょう

　ことばの検査は子どもの自発性を大切にして、楽しく取り組めるように工夫しましょう。そのためには、部屋の環境やカードなどの提示の仕方を工夫していくことが大切になります。

　また、検査者はテストをする立場にもありますが、「聞き手でもある」ということを忘れてはなりません。間違いやチェックばかりに注目するのではなく、子どもとともに楽しみ、子どもの頑張りを認め、暖かく励ましながら進めてゆきます。

（2）子どもの心の負担や辛さを軽くしましょう

　検査を受ける状況にある子どもは、これまで、ことばが不明瞭なために「もっと、はっきり言ってごらん」「よくわからないよ」などと繰り返し言われていることが多くあります。そして、そのために話すことに不安を抱いているような場合には、牧野・山田式言語保育発達検査をすぐに実施するのではなく、十分に自己表現できるための遊びの時間を検査前に設けることも大切です。

（3）検査の後の課題はできるだけ避けましょう

　検査の後に待っている保護者に検査結果を伝えたり、家庭でする宿題を出したりしがちですが、家庭での宿題を出すと、保護者が先生になってしまって、子どもを苦しめてしまうことがよくあります。また、園でやっていることを真似して家庭でもやろうとする保護者もいるようです。

　家庭では、お父さん・お母さんと楽しく遊びながらおしゃべりすることが何よりの練習になります。検査から見つけた子どものよいところを伝え、さらにその得意なことを伸ばすために、一緒に楽しくできることば遊びなどを保護者に提供するくらいがいいでしょう。

（4）お母さんの心の負担も和らげましょう

　子どものことばの様子を、誰よりも心配しているのは保護者です。そのために、子どもの大切な話し相手であるはずのお父さん・お母さんが、心理的に不安定になっていることがあります。保護者の心配を受けとめ、正しい情報を伝えながら、穏やかな気持ちで子どもと接することができるように、検査の結果から、よいところや工夫することでうまくできることを見つけて援助してあげましょう。

3　その他の検査など

　この牧野・山田式言語保育発達検査は、能力としての数値を出すことが目的ではありません。数値を出すことよりも、その検査の過程での子どもの様子をよく見て支援の手がかりになることはないか、どのような反応をしているのかということを把握することが大切です。

　この検査によって保育場面での課題がチェックされ、より詳しい発達やことばの問題を知ることが必要になった場合には、専門機関で次のような検査を受けることで把握することができます。

（1）WISC-Ⅳ

　言語性検査と運動性検査によって言語性IQと動作性IQを把握する。言語面での発達年齢やその子のプロフィールが把握できることで、特別支援の必要性などについて行政的な配慮が必要な場合は有効である。

（2）田中ビネー知能検査

　語彙の検査、記憶、判断力等の検査項目から、言語能力の実態を知ることができる。年齢順に検査課題が示されているので、把握したい年齢の課題について詳細に把握することができる。動作性の検査と言語性の検査が混合されているので、ことばの出ない子どもでも検査をすることができる。

（3）ITPA（Illinois Test of Psycholinguistic Abilities）言語学習能力診断検査

　主に学童期における言語学習年齢が分かる検査。

　受容能力、連合能力、表現能力、構成能力、配列記憶能力のどこに問題があるか探ることにより、教育的にどのように配慮すればよいか分かる。

（4）遠城寺式乳幼児分析的発達検査

　乳幼児における対人関係、発語、言語理解、運動能力の項目など、全体的な発達に関する項目をチェックすることにより、子どもの発達の概要を把握することができる。

（5）絵画語彙発達検査

　絵画を用いた検査であり、表出言語のない子どもでも、問の理解と指さしができれば、言語理解に関する発達年齢を把握することができる。

（6）ことばのテストえほん

　絵本を使ったことばのテストで、発音の間違い等の指摘とその訓練に関しては大変詳しいが、出版が古いため、解説が現代の児童福祉の感覚に合わない用語や文章が多い。

2　実施法

1　牧野・山田式言語保育発達検査を使った子どもの実態把握

　ことばの発達が気になる子どもがいたり、子どものことばの相談を受けたら、この「牧野・山田式言語保育発達検査」を使って、まず子どものことばに係わる必要な実態を把握することができます。

　この検査を通して、以下のことが把握できるように構成されています。

（1）ことばの理解

　ことばの理解については、単にことばをどれだけ知っているかだけではなく、指さしによる単語の理解から、用途や機能による理解、理解の言語化と説明、言語記憶、類推、理解からの行動などの様々な面をみる検査から構成されています。このことにより、ことばの理解を中心とした知的能力の発達全体を把握することができます。

（2）注意力、難聴

　ささやきの検査1・2を使って耳の聞こえを調べます。絵を見せながらことばの理解の時と同じように聞きますが、声はささやき声で唇を隠して実施します。ここで、それまで

の理解のレベルと著しく異なる場合には、注意力と聞こえについての問題がうかがわれます。検査用紙の「聞こえ」の欄に✓を入れてください。

（3）発音の異常

　検査4は、それぞれのことばが発音できるようになっているかどうかを調べます。ここでは検査者が言う単語を模倣して言わせるようにします。そして、その発音を確かめていくのです。

　最初に左のことばを真似させて、その中の発音につまずきがあればその右のことばで詳しく調べていきます。このとき、耳だけで聞こうとせず、口元の様子もよく見るようにします。

（4）吃音や声・構音の異常

　全ての検査での子どもの発言や発声において、吃音や声の異常、構音のつまずきなどに気づいたら回答用紙に記入しておきます。

（5）状況理解と説明能力

　検査8は、子どもが絵を見て自由に話を作るようにします。場面はガラスを割って叱られているストレス状況、お風呂にゆったりと入っているリラックス状況、お手伝いをしている自尊状況からなっています。

　子どもの話し方から、吃音や声・構音の異常が把握できるだけでなく、状況把握の能力、説明能力や会話力、人間関係の把握の傾向、それぞれの状況への適応度なども把握できるようにしています。

　牧野・山田式言語保育発達検査の結果はあくまでも保育活動の中で子どもの支援に活用するためのものであり、障害の判定や診断に使用されるものではありません。

　対象児の発達において、検査結果にばらつきがあったり、実際の生活年齢相応の項目ができないなど、何らかの課題が見つかったときは、保育の中で関連した遊びを多く取り入れることで、体験を増やしましょう。

　日常的な遊びの中でも、実物や絵カードなどを使っての問いかけ遊び、山彦ごっこ、なぞなぞなどのことば遊び、わらべ歌などを多く取り入れて、課題をスモールステップで克服してゆくよう工夫しましょう。

3　実施内容

　ここでは牧野・山田式言語保育発達検査において取りあげられている検査の内容を紹介するとともに、そこでつかむことができる子どもの発達や課題を述べています。

　検査における検査者の言語的指示や質問は、文中に太字で示していますが、ここに載せているのは検査そのものではありません。本書だけを頼りにして検査をすることは避けてください。検査は言語保育セラピスト養成講座や技術講習を受けて修得してから実施してください。詳しい実施の注意や判定基準などは検査器具の中の手引きにあります。

1　語彙

1－1　体の部位

　一番身近な身体の部位の名称を訊ねます。特に「言語理解の発達」の基礎的な意味を持ちます。これは遊びの中で保育中いつでも、どこでも、誰にでもできます。

質問「①**目はどこにありますか？**」
　　「②**鼻はどこにありますか？**」
以下、順に　③耳　④口　⑤頭　⑥手　⑦足　⑧眉　⑨肩　⑩肘　⑪膝、を聞きます。

　提示するときに「お」をつけて「おみみ」などと言うのは構いませんが、幼児語（足をあんよ、頭をてんてんなど）は不可です。
　この検査では、検査4発音を除いて、幼児音（幼児がまだうまく発音できないためにイスをイチュというような場合）・土地ことば（方言）は正答としますが、幼児語（犬をワンワン、車をぶーぶーなど、大人が幼児向けに使う特殊なことば）は不可とします。
　ここでは、子どもが指さすだけで回答ができます。従ってこの課題は「ことば理解」を確認するものです。しかし、ことば理解は人間関係を深く含むものです。自閉症スペクトラムの子どもは、理解はできていても、「今聞かれたことに答える」という関係性が理解できずに答えないこともあります。
　また、手引きに正答数と共に示されている年齢は、この検査から推測される発達年齢の目安ですが、個々の検査だけで安易に決定せず、他の項目との関連で判断します。

1－2　ミニチュア（ぬいぐるみ）

　この項目では、物の名称に関する発語能力を把握します。それぞれの子どもの環境によって知っている物が限定されることがありますので、家庭環境や地域の特性などにも配慮して、検査者が現物や本物に近いミニチュア（ぬいぐるみ）を用意し、その物を用紙に記録します。

　①日用品（時計・茶わん）②おもちゃ（車・人形・ボール）③道具（スプーン・はさみ）④食べもの（りんご・バナナ）⑤衣服（帽子・くつ）⑥動物（犬・猫）のうち6種を用意し、**「これは何ですか？」**と問います。

　ここでは、2－1と異なり、言語による発語で答えなければなりません。名前を理解していることだけでなく、理解を言語化して発語する機能に関連してきます。

　最後に、「この指はなんという指ですか？」を加えますが、これは自信を持って終わるようにするための質問ですので、その子どもが答えやすい指にします。正答数には含めません。

　ミニチュア（ぬいぐるみ）のアイテムが答えられない場合（りんごやバナナ・犬・猫・車など）は、自閉症スペクトラムのオウム返しであったり、食べられない物や生きていないものをそれとは認識しないこだわりが見られる場合があります。

1－3　カード

　ここでの項目は、カードを提示して、日常見慣れたもの以外の語彙も聞いていきます。また、発音の特徴にも配慮しています。

　①飛行機 ②手 ③家 ④かさ ⑤くつ ⑥ボール ⑦いす ⑧はさみ ⑨時計 ⑩葉 ⑪馬 ⑫めがね ⑬テーブル ⑭ピストル ⑮木、の15枚のカードが検査器具の中に用意されています。

　そのカードを1枚ずつ提示して**「これは何ですか？（何と言いますか？）」**と問います。

　「ひこうき」を「ひこーち」などの幼児音は正答。幼児語・用途、「歩いてる」などの叙述や「しっぽ」などの部分は誤答です。

　この検査を通じて、親近感をもち、達成感を味わい、次の検査への心構えを作れるようにも心がけます。

1−4　ささやき（1）

　カードを示し、口を隠して「**今度は小さい声で言いますから、その絵を指さしてください**」と指示します。

　①ボール ②はさみ ③犬 ④積み木 ⑤三輪車、のカードを用意します。
　「**犬はどれですか？**」「**ボールはどれですか？**」「**はさみはどれですか？**」……と順不同で5つを聞きます。

　理解としては2歳以上であれば正答できるものですが、2−1、2−2に比べて極端に失敗がある場合は「聞こえ」の問題を考えてチェックします。
　ここでの「ささやき音」ということは、聴覚の状態を確認していますので、子どもが聞こえているかどうかということに特に注意して反応を見てください。
　これによって、注意深く聞く力（聴覚刺激に対する注意力）と、ことばの音（おん）を聞き分ける力（聴力）があるかどうかの2つの点を知ることができます。
　生来、聞こえに問題があって他の発達に遅れがない子どもは、相手の微妙な仕草も見逃さないでそれをヒントにして適応してきた経験がありますので、答えのカードを検査者が見ているとその視線をヒントにするというような子どももおります。十分に配慮しながら検査を進めてください。
　質問のことば以外のことを言うときは、口を見せても声を出して言ってもかまいません。ただし、手真似や身ぶり、表情や指の運動などによるヒントは、与えないように注意しましょう。
　相手の口が見えていないことだけで当惑・混乱・聞き違い・気が散ることなどが、通常の声の場合に比べて急に多くなるような場合は、注意力欠陥や聴力の低下を考えて対処していく必要があります。
　注意欠陥障害を持つ子どもは、聞こえに問題はなくても聞き取る注意力に欠けるためにこの検査で失敗することが多くなります。

2　理解
2−1　用途
　この検査は「用途からものを訊ねる」という課題で、難易度が上がっています。

①コップ　②掃除機　③いす　④はさみ　⑤鉛筆　⑥鏡　⑦服、の7枚のカードを用意して机の上に、質問順にならないように並べます。

　検査者は「今から私が言うものを、指でさして答えてください」と言った後、
① 「水を飲むときに使うものはどれですか？」
② 「そうじをするときに使うものはどれですか？」
③ 「人がすわるときに使うものはどれですか？」
④ 「ものを切るときに使うものはどれですか？」
⑤ 「字を書くときに使うものはどれですか？」
⑥ 「顔を見るときに使うものは何ですか？」
と、6枚全部を問います。

　「服」のカードは、誤答が多かった子どもに自信を回復するための質問ですので、最後に「着るものはどれですか？」と問います。正答数には入れません。
　知的障害や自閉症スペクトラム障害の子どもは、ここでつまずくことが多いようです。知的障害の場合はつまずきが全体に及びますが、自閉症スペクトラム障害の場合はつまずきが限定されるというような、特徴の違いがあります。

2-2　機能
　この検査は「その機能から物を訊ねる」というように難易度が上がっていますので、2-1で（「服」を除いて）5問以上に答えられた子に実施します。

　①鳥　②魚　③りんご　④本　⑤時計　⑥卵、の6枚のカードを机の上に、質問順にならないように並べます。
　検査者は「では今度はこのカードで答えてください」と言った後、
① 「この絵の中で、空を飛ぶものはどれですか？」
② 「水の中を泳ぐものはどれですか？」
③ 「木になるものはどれですか？」
④ 「私たちが読むものはどれですか？」

⑤「時間を知らせるものはどれですか？」
⑥「にわとりが産むものはどれですか？」
と、6枚全部を問います。

　知的障害や自閉症スペクトラム障害の子どもは、ここでもつまずくことが多いようです。知的障害の場合つまずきが全体に及びますが、自閉症スペクトラム障害の場合はつまずきが限定されるというような特徴は2－1と同じです。

2－3　ささやき（2）

　ここでの「ささやき音」ということは、1－4の確認でもあります。聞こえの状態を検査していますので、子どもが検査者のささやくことばが聞こえているかどうかということに特に注意して反応を見てください。また、ここでは特に声の聞こえとともに、1－4以上に細かく聞きわけることができるかどうかということも観察しようとしていますので、特に子どもの答え方に注意する必要があります。

　①椅子 ②鉛筆 ③鏡 ④鳥 ⑤魚 ⑥時計、の6枚を質問順にならないように並べて、普通の声で「今度は小さな声で言いますから、よく聞いて答えてください」と言ってから、下記の質問をささやき声で行います。
①「人がすわるときに使うものはどれですか？」
②「字を書くときに使うものはどれですか？」
③「顔を見るときに使うものは何ですか？」
④「空を飛ぶものはどれですか？」
⑤「私たちが読むものはどれですか？」
⑥「時間を知らせるものはどれですか？」

　正答が2－1、2－2に比べて著しく低い場合、「聞こえ」にチェックをします。

　「ささやき（2）」では、聴覚の状態を少し詳しく確認していますので、子どもが聞こえているかどうかということだけではなく、どの程度どのように聞こえているかということに注意して反応を見てください。

聞こえに問題のある子どもによっては、大変勘のいい子どももいて「ささやき（1）」で見落としている場合もここは勘だけでは答えられませんのでつまずきます。
　ここでつまずく子どもについては、聞こえの状態について詳しい情報得ることが保育の中での配慮事項と深く関わってきますのでしっかりとメモに残しておいてください。
　ごくまれにですが、2－1、2－2の反応につまずきのあった子どもがここできちんと答えることがあります。そのような子どもたちの場合、ささやきという小さな声への集中が理解を助けると考えられ、自閉症スペクトラム障害や注意欠陥多動性障害と関係する場合もあります。

2－4　比較

　この検査は、比較を通した理解の広がりを把握しようとするものです。間違ったときには、チェックするだけでなく、逆概念での質問をすることで、子どもの理解を引き出すことを大切にしてください。

　①大小の〇　②長短の鉛筆　③高いテーブルと低いテーブル　④暗い部屋と明るい部屋　⑤テーブルの上と下の★印、を机の上に、質問順にならないように並べます。

　検査者は「今度はこのカードで聞きます」と言った後、
①どちらの〇が、大きいですか（ぐるぐる回して再質問「どちらが小さいですか？」）
②どちらの鉛筆が長いですか（2以下は、誤答の場合のみ反対概念を問う）
③どちらのイスが低いですか
④明るい部屋はどちらでしょう
⑤テーブルの上にあるリンゴはどちらですか
と問います。

　ことばの順は入れ替えてもいいですが、言い方を変えてはいけません。すなわち「低いイスはどちらですか」はOKですが、「どっちが子どものイスかなぁ～」と言い替えること

はできません。

　この検査では、ことばの抽象的な概念である「大きい小さい」「長い短い」「高い低い」「明るい暗い」の比較を訊ねるというように、かなり難易度が高くなっています。

　「どちらの○が大きいですか？」などの質問に対して、それを判断して答えるのですが、「大きい」という概念ができていることが必要ですが、それだけではなく問われていることにしたがって「選ぶ」ということも理解できていなくてはなりませんので、答える様子から「選択」や「決断」の力を観察することも必要です。

　知的障害や自閉症スペクトラム障害の子どもは、ここでもつまずくことが多くなります。知的障害の場合、つまずきが全体に及びますが自閉症スペクトラム障害の場合はつまずきが限定されるというような特徴は２－１、２－２と同じです。

3　発音

　発音のつまずきは、幼児音ではある年齢まで当たり前です。したがって遅れとしてではなく、間違った発音が身についてしまわないような配慮が必要なものをチェックし、保育の遊びの中で改善してゆくためのヒントを見いだすための検査と捉えてください。

　模倣による発音の確認は、理解や認識の過程を経ないで発音のつまずきを検査できるので、発音を捉える検査としてはこれまでの絵を見せての検査より確実かつ有効です。

「いまから私が言ったとおりに言ってください。例えば、「いぬ」と言ったら、あなたは何と言いますか？」
子ども「いぬ」
「はい、そうですね。では、言いますよ」と次の①〜⑦の主課題を模倣させます。

　少しでも疑わしい発音があった場合にはその発音のアルファベットに○をつけ、右の副課題を真似させます。正しく発音できたらそのまま次に進みます。

　失敗があった発音に○をつけ、その下に子どもがした発音を書き、抜けた発音は／を引きます。

　副課題のことばは、その音が最初、中間、最後に入っているものを並べているので、全部を実施します。

①「**りんご**」　「R」→「テレビ」「ロボット」「チューリップ」「まり」
　　　　　　　　「G」→「めがね」「たまご」「ながぐつ」

②「**すいか**」　「S」→「うさぎ」「せんぷうき」「さかな」「すずめ」
　　　　　　　　「K」→「とけい」「こいのぼり」「からす」

③「**つみき**」　「T」→「くつ」「おつきさま」「えんぴつ」「たんぽぽ」

④「**じてんしゃ**」「J」→「にんじん」「じどうしゃ」「おじぞうさん」「じしゃく」
　　　　　　　　　「SH」→「ぼうし」「でんしゃ」「しゃぼんだま」「かいしゃ」

⑤「**ごはん**」　「G」→「がっこう」「ペンギン」「ゲーム」「ガラス」「ぎんいろ」
　　　　　　　　「H」→「はっぱ」「ふうせん」「はさみ」「おふろ」

⑥「**ぞう**」　　「Z」→「れいぞうこ」「みず」「かず」「ぞうさん」

⑦「**でんわ**」　「D」→「でんしゃ」「だいこん」「おでん」「パンダ」

　子どものことばを注意深く聞いて、発音につまずきがないかどうかを確かめます。
　大切なことは、場所や前後のことばが替われば、どこかで言えるものがあるかを探すことです。つまり「言えることば探し」をして、できたら認めることで、子どもが自信を持てるようにすることであり、上記のことば以外でも、言えるものを探すことが大事です。
　言えないことばを見つけるより、どこかで言える、近い音で言えるものを探して、できることに自信を持ち、それをベースにして、できない発音への挑戦ができるようになるよう保育することが大切です。
　あるいは、ことばでは言えなくてもリズムにのせると言えることがありますので、日常保育の中でわらべ歌などを利用することは、「ことばを育てる保育」第4章で紹介しています。
　発音の間違いには、発音できないだけでなく「（聞き取りにおいて）語音の弁別ができていない」こともあるので、それについては別の検査（※）で確認しなければなりません。

（※検査者が正しい発音と間違った発音とをして見せて、それぞれに違う反応（赤を挙げるか青を挙げるかなど）を求めて、弁別できているかを確認するなど。第4章の「おもしろかるた」p.98 参照）

4　定義・生活知識

4－1　定義

　この項目は「理解」と逆に、子ども自身が言語的に説明する能力を問うものです。

　この項目は難易度が高いため、1－1が4問以下、1－3が10問以下、2－1が4問以下の子どもはこの課題では自信を失う危険性があるので、実施しません。

　指示「**これから私の言うことをよく聞いて説明してください。帽子とは何ですか？**」答えがない場合には「**帽子を知っているでしょう？帽子とは何でしょう**」

　「お」をつけて「お帽子」、または土地ことば（方言）で言ってもよいが、「何に似ているでしょう」「何をするものでしょう」と聞いてはいけません。

　①帽子 ②茶わん ③本 ④タオル、について問います。このうち2問以上正答した場合に、次を続けて実施します。⑤目 ⑥耳。

　用途に関する説明は、子どもの日常生活の体験が大きく左右します。帽子やタオルについては園の日常などでの使用方法として一般的な説明であれば正答とします。

　知的障害や自閉症スペクトラム障害の多くの子どもは、ここでつまずく場合が多くなります。知的障害の場合つまずきが全体に及びますが、自閉症スペクトラム障害の場合はつまずきが限定されたり、マイペースなこだわりが感じられるという特徴が見られることがあります。

4－2　生活知識

　生活知識は、対象者の日常生活の理解度を問います。これは、知識や能力以上に生活体験が影響します。また、日常的に叱責体験の多い子どもは「どうしますか（どうする）？」ということばに対して過敏に反応することがあるので、穏やかな言い方を心がけてください。

「これから私のいうことをよく聞いて答えを言ってください」
①「ねむくなったら、あなたはどうしますか」
②「おしっこがしたくなったら、あなたはどうしますか」

説明が不十分だった場合には次のような再質問をします。
「先生に言う」→なんて言いますか
「いく」→「どこに行きますか」
「する」→「なにをしますか」
「がまんする」→「がまんできなかったらどうしますか」

　知的障害があっても、丁寧な家族の関わりがある子どもはこの項目に正答することができますが、自閉症スペクトラムなど対人関係障害を持つ子どもの場合に、回答に偏りがみられたり、他の項目に比べて著しく低くなる場合があります。また、②の失敗体験が多い子どもなどの反応にも気をつけましょう。

4－3　知識
　ここでは、分類する能力と、そのカテゴリーに含まれるものの名前をどれだけ知っているかを問います。正しく言えたことばの数を記入しますが、不明なものはそのまま記入しておきます。

①食べ物の名前をできるだけたくさん言ってください。（素材・料理名どちらでもよい）
②動物の名前をできるだけたくさん言ってください。
③果物の名前をできるだけたくさん言ってください。（すいか等、植物学的には野菜に含まれるものでも日常的に果物と同様に扱われるものはOK）
④お友だちの名前をできるだけたくさん言ってください。

　ここでは一般的事実についての知識量についても調べています。ここでの質問に答えられない時は、「問いの理解不足」「発達の未成熟、周囲に対する興味・関心のなさ」「生活経験の不足、言語環境の未整備」等が考えられます。
　このような知識は、一般には生活の中で自然と身についてゆくものですが、周囲に対する関心のなさや、生活経験の不足が想定される子どもの場合は、実際経験を多くするとともに、端的なことばかけに留意しながら、意図的に生活する上での知識を増やすことが必要と考えられます。

5　記憶反復
5−1　ことばの反復
質問「これから私が言うことをよく聞いて、私が言ったとおりに言ってください。いいですか、よく聞いてください」

例題「つめたいみず」

　子どもが例題の復唱ができたら、「そうですね、ではまた言いますから、よく聞いて、私が言ったとおりに言ってください。1回しか言いませんよ」と①から読み上げる。

①あかいりんご

②大きいくま

　どちらかができたら、例題2「うさぎがいます」を復唱させてから、③④を実施します。

③こいがおよいでいます

④おかあさんがせんたくをしています

　これは聴覚的短期記憶を検査するものです。「あかいりんご」「大きいくま」などの連なったことばを聞いて、記憶して、真似して発語する検査です。ここでつまずきが見られる子どもには「聴覚の異常」「記憶力の不足」「集中力の不足」等が考えられます。

　このような活動が苦手な子どもの場合は、指示に従えない等の特徴を示すことがあります。そのような子どもは、指示する場合に聴覚以外の「視覚に訴える」等の方法を併用することで補うようにしましょう。

5−2　数唱の反復
　「これから数を言います。よく聞いて、それを真似して言ってください」

1度失敗した場合、「もう一度言いますよ。よく聞いて真似してください」と2度まで実施します。2回失敗したらその桁で中止します。

　2桁から6桁までの数字を、復唱ができたら1桁ずつ増やして読み上げます。

　5−1の正答に比べて5−2の正答率が高い場合、意味を持つことばよりも数字のような意味のないものへ親和性が高いことがうかがわれ、自閉症スペクトラムの特徴をもつ可能性もあります。

6　反対類推

　この課題は難易度が高いため、1−1が4問以下、1−3が10問以下、2−1が4問以下の子どもには実施しません。また、これまでの検査で自閉症スペクトラムが疑われる子どもにおいては、この課題はさらに困難と思われる場合があるので、子どもが自信を失わないように実施に注意します。

　「これから私がお話を途中まで言って止めますから、よく聞いていて、ちょうどよいことばをその後に続けて言ってください。お湯は熱い、氷は‥‥（数秒待つ）」と問います。何も言わなければ「冷たい」ということばを促し、「熱くない」といった場合は訂正します。例題ができたら、「では、次を言いますよ。続けてちょうどいいことばを言ってください」と①〜④を実施し、これに3問以上正答した場合に⑤〜⑦を実施します。

①お塩はしょっぱい、お砂糖は……
②お父さんは男です。お母さんは……
③夏はあつい、冬は……
④子どもは小さい、大人は……
⑤野原は明るい、森の中は……
⑥ジェット機は速い、船は……
⑦鉄は重い、綿は……

　ここでは、ことば「論理的なカテゴリー能力」を調べています。検査の実際では、「お塩はしょっぱい、お砂糖は……」と問いかけ、「甘い」という答えを導くことで、物事の特徴として類似点と反対の概念をことばで表現する力を調べています。

　ここでつまずきのみられる子どもは、「問いの理解不足」「特徴・反対類推・相違点をとらえる力の不足」「表現力の不足」「弁別等の経験の不足」等が考えられます。

　保育の場の支援としては、弁別や仲間分けの力を遊びの中で育てていく必要があります。物事の特徴をとらえられるようになるためには、同じ物を集めたり、違いを見つけたりする活動を多く経験することが必要です。従って、特徴、類似点、相違点をとらえる力の不足が考えられる子どもに対しては、意図的に活動を仕組み、同じ所や違いに目を向けさせるように問いかけを工夫する保育を展開します。

7　ことばによる指示の実行

ここでは、ことばによる指示を理解して実行する力をみます。素材を出し、「**これは積み木ですね**」「**これはボタンですね**」「**これは犬ですね**」……と、検査でそれをどう呼ぶかを確認しながら置きます。

　素材：(子どもから見て左から) 積み木・ボタン・犬・箱・はさみ

その後、「**これから私が言うことをしてください**」と①〜③の指示を行い、そのうち2問正答したら④⑤も実施します。

① 「犬をとってください」
② 「ボタンを箱の上にのせてください」
③ 「はさみを積み木のそば（横）に置いてください」
④ 「犬を箱の上にのせて、ハサミを私（検査者）にください」
⑤ 「ボタンを犬の前に置いて、箱を開けてください」

ここでは、ことばによる指示に従えるかどうかを調べます。検査の実際「犬をとってください」「ボタンを箱の上に乗せてください」等の質問に答える検査です。物の名前とともに「しなければならない」動作も理解しておかなければ指示には従うことができません。

ここでつまずく子どもは、「問いの理解不足」「語彙の不足」「動作の理解不足」「体験・経験の不足」「コミュニケーション不足」等が考えられます。

ここでは、問いを聞いて具体物を操作して答える検査ですので、単なる語彙不足だけではなく、人間関係の発達にも課題があることが考えられます。答えられた質問の数にもよりますが、動作概念が未成熟な場合は具体操作を多くする等、保育の中での工夫が必要になってくると思われます。

8　表現能力

子どもの自由な言語表現を通して、表現能力を把握するとともに、言語表現のつまずきや特徴を捉えるものです。

「**今から絵を見せます。その絵のお話をしてください**」と言って、次の絵を1枚ずつ見せ、子どもが話すことばは全て記録紙に記入します。

絵は次の3種類のテーマのものを用います。

絵1：窓ガラスが割れていて、棒を持った子どもが大人から叱られている（ストレス状況）
絵2：お風呂に入っている親子（リラックス状況）
絵3：お手伝いしている子どもと家事をしている親（承認状況）

　すぐに話し始めない場合は、20秒ほど待ってから次のような質問で促します。また、子どもの話にはできるだけ相づちを打ち、また次のような促しのことばを入れて、気軽に話し続けられるよう配慮します。
「この絵は何の絵でしょう」
「これはどうしたのでしょうか」
「誰と誰が、何をしているところですか」
「これからどうなると思いますか」
　絵1で割れているガラスとボールの関係が語られなかった場合には「これは、どうして割れたと思いますか？」

　文の内容から、a）行動・状況の論述、b）子どもの気持ちの表現、c）大人の気持ちの表現、d）関係性の把握、ができているかを確認します。そのとらえ方に偏りがあれば、チェックしておきましょう。
　a）行動状況・b）子どもの気持ち・c）大人の気持ち・d）関係性、について話された内容の中に語られていれば、その記号に〇をつけます。

　表現能力と共に話し方の状態を検査していますので、子どもが検査者に対して話す内容と共に話すときの早さや流暢さ、突っかかりの状態、態度等に特に注意して見てください。また、子どもの話しを聞きながら、吃音や話し声の不自然さ、話しのこだわりやまとめ方をみます。ストレス・リラックス・承認のそれぞれの内容において、ふさわしくない表現があった場合にもチェックしておきます。

　3枚の絵について基本的には、自由に話をしてもらいます。そして、子どもの話を熱心に聞きながら、次のような点を確かめます。
〇吃音の症状はないか
〇話し声に異常がないか
〇話しのまとめ方や表現法が年齢相応なものか

9　舌の運動

検査の前提となる遊びとして舌の運動があります。日常の遊びの中で確認して遊びとしてやってほしいことです。検査では最後にリズム打ちだけを項目として入れています。

9-1　舌を出し入れする

子どもに向き合って座り、舌を閉じた唇から出し入れするのを見せて真似してもらいます。初めはゆっくり出し入れし、この時に舌の動きをよく観察して、異常に気づいたときには記録します。

ゆっくりと舌の出し入れができることが確認できたら徐々に早く実施してください。この時、特に動きの遅い子どもがいた場合は、時間を10秒に区切って何回出し入れできるか記録しておくのもいいでしょう。

9-2　舌を上下左右に動かす

舌を「上唇」「下唇」「右」「左」にそれぞれつけるのを見せて、1度ずつ真似をしてもらいます。

ここでは、1-1の舌の動きよりやや複雑になりますので、舌の動きの運動発達をより細かく見ることができます。

一方、指示の理解ができないと模倣もかなり難しくなりますので、この項目ができない場合は指示の理解ができているかを確認して、理解の程度も記録に残します。

9-3　舌を回す

子どもと向き合って座り舌を唇の回りをゆっくり「くるっと回して」見せて、「今度はあなたが私の真似をしてください」と指示します。

一方、指示の理解によっては模倣もかなり難しくなりますので、この項目ができない場合もその理解の程度を詳しく記録に残すようにしましょう。

9−4　リズム打ち

子どもと向き合って座り、下記のリズムを検査者が言って真似をさせます。

①タンタンタン（♩・♩・♩）

②タタタタタン×2回（♫♫♩・♫♫♩）

③タタタンタタタンタンタンタン×2回（♫♩♫♩♩♩♩・♫♩♫♩♩♩♩）

※「タ」がうまく発音できないときは、指で机を叩いてリズムをとってもよいですが、その場合は回答用紙の「打」に○をつけます。

　このことばのリズムを簡単に考えている人も多いのですが、リズムが正確に真似できることは、ことばの背景となる安心感や自信を表す面もあります。ここでは子どもが身体でリズムをリズミカルに刻むことができるかを調べます。

　まず、検査者の打つリズムをまず聴覚的にきちんと受けとめ、その音のリズムを聴覚的に記憶しなければなりません。つまりここでは、聴知覚の働きが特に重要になるのです。

　特に間違った場合にも間違いの特徴が重要な意味を持ちますので、間違ったリズムの詳しい記録をしておくといいでしょう。後の検査で「吃音」の症状が見られる子どもの場合は、専門機関に紹介する場合にこのリズム打ちの録音が役に立つ場合があります。

4　検査結果から保育へ

1　牧野・山田式言語保育発達検査を使った子どもの実態把握

　ことばが気になる子どもがいたり、子どものことばの相談を受けたら、この「牧野・山田式言語保育発達検査」を使って、まず子どものことばに係わる必要な実態を把握することができます。

　この検査を通して、以下のことが把握できるように構成されています。

（1）ことばの理解

　ことばの理解については、単にことばをどれだけ知っているかだけではなく、指さしによる単語の理解から、用途や機能による理解、理解の言語化と説明、言語記憶、類推、理

解からの行動などの様々な面をみる検査から構成されています。このことにより、ことばの理解を中心とした知的能力の発達全体を把握することができます。

（2）注意力、難聴

ささやきの検査1、2から耳の聞こえが把握できます。絵を見せながらことばの理解のときと同じように聞きますが、声はささやき声で唇を隠して実施します。ここで、それまでの理解のレベルと著しく異なる場合には、注意力と聞こえについての問題がうかがわれます。検査用紙の「聞こえ」の欄に✓を入れてください。

（3）発音の異常

検査3によって、子どもが発音しにくいとされるそれぞれのことばの発音ができるかどうかを把握します。ここでは検査者が言う単語を模倣して言わせるようにし、その発音を確かめていくことでチェックする方法をとっています。これは他の検査の絵による提示の発音検査が、その絵の理解や言語化というプロセスを経て発音を確認しなければならないのに対して、発音だけを確実にチェックできる方法です。

最初に左のことば言わせて、その中の発音につまずきがあればその右のことばで詳しく調べていきます。このとき耳だけで聞こうとせず、口元の様子もよく見るようにします。

（4）状況理解と説明能力

検査8は、子どもが絵を見て自由に話を作るようにします。場面はストレス状況、リラックス状況、自尊状況からなっています。子どもの話し方から、吃音や声・構音の異常が把握できるだけでなく、状況把握の能力、説明能力や会話力、人間関係の把握の傾向、それぞれの状況への適応度なども把握できるようにしています。

牧野・山田式言語保育発達検査の結果はあくまでも保育活動の中で子どもの支援に活用するためのものであり、障害の判定や診断に使用されるものではありません。

対象児の発達において、検査結果にばらつきがあったり、実際の生活年齢相応の項目ができないなど、何らかの課題が見つかったときは、保育の中で関連した遊びを多く取り入れることで、体験を増やしましょう。

日常的な遊びの中でも、実物や絵カードなどを使っての問いかけ遊び、山彦ごっこ、なぞなぞなどのことば遊び、わらべ歌などを多く取り入れて、課題をスモールステップで克

服してゆくよう工夫しましょう。

（5）吃音、声・構音の異常

特に検査8において子どもの発語や説明において、前記のような特徴が見られるかを観察してメモしておきます。

2　検査結果のまとめ

検査項目毎に発達の目安をもうけていますので、それに基づいて対象児の発達のレベルをおおまかな年齢で示すことができます。また、それを通して子どもの発達を把握して、保育にいかしましょう

聞こえについてチェックが入っている場合には、専門機関による精密な聴覚検査を勧めましょう。

以下、検査項目別に把握できるポイントを示します。

（1）語彙

語彙において発達の遅れがみられた場合には、ことば体験の少なさや対人関係の希薄さがうかがわれます。保育者は日常の保育の中で、できるだけ物や体験や感情をことばにし、対象児の語彙を増やすよう心がけましょう。

また、絵本や紙芝居のようなことばの児童文化を日常的に活用し、同じわらべ歌で繰り返し遊んだり、同じ「月刊絵本」を1ヶ月ずつ読み続けてから持ち帰らせる（こどものとも方式）など、仲間たちと同じことば文化を共有することで、語彙は豊かになってゆきます。

（2）理解

理解の遅れは、知的障害がある場合にも見られますが、障害がなくても直接体験の少なさと対人関係の中での（ことばかけをされながらの）体験が少ないことも要因となりやすいようです。次節の「ことばにつまずきのある子どもへの関わり方」の基本原則を押さえて、ことば体験を豊かにするどのような保育を展開するか、日常体験をどうことばに繋げて広げてゆくかのスモールステッププログラムや個別の保育計画を作成することが必要でしょう。

ことばの理解の遅れが見られたときに、「そのうちに」とか「もう少し大きくなれば」と後回しにせず、理解を助けるためにできる工夫を、すぐに始めてください。

理解が遅れているということは、責められたり、焦らされたりするようなことではなく、「より豊かな体験を保障されるための通行手形」なのだと、大人たちが理解していてほしいと思います。

（3）発音

　発音指導のポイントは以下のことです。

①発語器官の運動機能の向上を図るために、噛むこと、吸うこと、しゃぶることなどを保育に積極的に取り入れます。口蓋の機能（鼻咽腔閉鎖機能）が適切に働かない場合は、呼気流を口腔前方に向けるためにストローなどを使った遊びを取り入れます。

②音の聴覚的認知力の向上を図るために、ゲーム的に特定の音を聞き出す遊びを通して、音と音の比較をしたり、誤った音と正しい音を聞きわける遊びを取り入れます。

③構音に困難がある場合は、構音が可能な音から取り組みます。聴覚的に正しい音を聞かせて、それを模倣させます（山彦ごっこ）。

　上記①②③はいずれも詳しくは第4章を参照してください。

　また、発音の全体的不明瞭さは、呼吸器や胸筋の発達、口腔や舌の障害とも関連します。特に保育においては、身体全体（とくに胸から上）の発達を促すハイハイや手押し車、雑巾がけなどを中心にした遊びや、噛む力や舌の力をつけるための噛む材料を使ったおやつの工夫などを実施しましょう。

　発音については、どの発音につまずいているかによって、保育の中に取り入れてほしい遊びが異なります。また、その発音を促すわらべ歌やその前段階となる遊び、絵本などもたくさんあります。それらは第4章に詳しく取りあげていますので、楽しく取り入れていただければと思います。

　それらの遊びは、その子どもだけでなく他の子どもたちの話し方が明瞭になる助けにもなるでしょう。

（4）定義・知識

　この検査項目では、物の定義や知識を問います。これはそのまま、日常生活でのその子どもの生活能力に直結する項目です。それは同時に、この項目における正答から見える発達年齢に問題がある場合には、ことばだけでなく日常生活において対象児が困っている場

合が多い項目であるとも言えます。

　4－1　定義に関する検査は同時に学びでもあります。用途や目的を説明できなかった場合には、検査の誤答チェックだけでなく、こどもが理解しやすいように学ぶチャンスとする保育者の配慮も大切です。

　4－2　生活知識の項目は、日常の生活を対象児がどれだけ把握して行動しているかをつかみます。実際には行動できていても、なかなか言語で説明することができない子どももいます。しかし、応用力は言語での記憶が確実でないとできません。行動できていても言語での説明ができないこどもの場合は、様々な応用が必要になったときにつまずく危険性がありますので、できるだけ行動を言語化しながら保育することで、早めに補うようにしましょう。

　4－3　知識に関する検査は、そのカテゴリーに含まれる物の名前をいくつでも挙げる課題ですが、これは日常の保育の遊びの中で確認することができます。この検査で気になる結果だった子どもに、日常の安心した状況の遊びの中で同様のやりとりで再確認したり、分類すること自体を遊んでみることも大切です。

（5）記憶
　この検査項目は短期記憶による反復の課題です。
　5－1はことばの反復、5－2は数唱反復ですが、この2つに著しい差があった場合には、学習障害の可能性を想定してサポートしてください。
　また、知的障害や注意欠陥が素因となって、短期記憶が不十分な場合もあります。その場合には他の項目との関連を見ながら、「何回言ってもすぐに忘れる」と怒るのではなく、より適切なサポートが必要になります。この検査結果を子どものための支援を引き出すために活かしてください。

（6）類推
　この検査項目は、ことばによる記憶の想起とその応用力をみるものです。対象概念を理解していることとそれにまつわる名詞や形容詞の概念を導き出すという高度な作業を必要としますので、集中力や想像力も必要となります。

この項目において失敗があった場合は、ただ正答を教えることではなく認知・記憶・想像・応用・集中のどこにつまずきがあるのかを丁寧に観察し、そこにつまずきがあることで日常どのような不都合が生じているかをみてゆくことが大切です。

　類推ができないと、話を聞くことが難しくなります。私たちは日常、頭の中でことばによる小さな類推を紡ぎながら人の話を聞いているのです。それができないということは、人の話を音声だけを頼りに必死に耳で受けとめている状態になるでしょう。そのことがいかに子どもにストレスを与え、集中力を削ぎ、理解を妨げるかを想像してください。

　類推は、唱え歌やことば遊び、わらべ歌などが補ってくれることがありますので、保育に取り入れてください。しかし、最も重要なのは、対人関係の中で、会話によるやりとりが豊富に体験されることです。

（7）ことばによる指示の実行

　ことばによる指示の実行は、日常保育でも行われていることです。ですから、ここで検査するべき内容を理解したら、検査だけでなく日常保育の中で確認してみることも大事です。

　すなわち、「一つの指示を、すぐ行動にすることができるか？」を3問のうち2問しかできなければ2歳児レベルの発達と推測されますし、2つの指示を同時に出してその両方を果たして戻って来ることができれば、3歳児の発達に到達していることが推測されるわけです。これは、この検査だけでなくても確認できるでしょう。その日常の観察を基にして他の専門機関と話ができるのが保育者の専門性といえるでしょう。

　そして、これに失敗した場合、
①ことばによる指示が理解できなかったのか？
②指示をどのような行動に起こしたらいいかが繋がらないのか？
③行動に移すときの集中に欠けるのか？
など、様々な要素を検討してサポートしてください。実行できないことを怒るだけでは解決されないことはいうまでもありません。

（8）表現能力

　この検査項目は、子どもの自由なことば表現を観察するものです。また、「お話を作る」という課題は、その子どもがそれまでにどれくらいの絵本やお話と出会っているかに大きく左右されます。

子どものお話を楽しみながら受けとめる検査者の態度も大きく影響しますので、興味を持って傾聴するよう心がけましょう。

　ストレス、リラックス、承認のそれぞれの内容にふさわしくない表現があった場合、これはことばの問題ではなく心理的なこだわりや自尊感情に関わる課題と思われますので、その面からの保育ケアが必要でしょう。

　「表現能力」の検査は、子どもの自由な言語表現の観察でもあります。表現能力と共に話し方の状態を観察します。話の内容と共に、話すときの早さや流暢さ、つっかかりの状態、態度等のほか、ことばとしては、吃音、声の異常、話のまとめ方等を注意して記録します。

（9）舌の運動

　舌の運動のリズム打ちでチェックされた場合には、運動性のまひや舌の機能不全から来ることばのつまずきが考えられます。また、緊張がことばのつまずきに繋がりやすい子どもであることもうかがわれます。

　まひの確認は医療に依頼し、緊張や不安については保育の中で対象児にリラックスや自信、安心を育成することが必要になります。

　ことばの学習・発達における遅れは、次のようなものがあります。
◇初語（初めて意味を持ってことばを言えるようになる）が遅れる。
◇いつまでも二語文（主語述語の構成で話す。通常は2歳）にならない
◇赤ちゃんことば（幼児語）が多い。
◇発音に幼児音が多い。
◇言えることばの数（表現語彙）が少ない
◇表現法が幼なく、文章にならない
◇話すことにまとまりがない
◇「テ・ニ・オ・ハ」が使えない
◇ことばがつながらない（一語文や二語文で切れる）
◇ことばや発音が分かりにくい

　このような、言語表現能力の発達が未熟であることを思わせるような症状にも注意しましょう。

5　ことばにつまずきのある子どもへの関わり方

　ことばの表現は可能な限り受容してゆきましょう。子どもにとってことばが機能することが分かり、喜びを感じるのは、ことばが肯定的に豊かに受容されて、それまで以上に楽しくなるときです。子どもが「この人なら話が分かる。話が通じる」と感じたとき、ことばが出てくるのです。周りの人が常に子どものことばを聞きたがり、受けとめたがること、子どもが聞きたい話を話すことが、ことばを育てると言えるでしょう。

　ことばのつまずきの原因は言語機能だけでなく複雑で多岐にわたっていることが多くあります。従って、ことばにつまずきのある子どもに対する関わり方を考えるとき、個々の言語機能の障害の状態を改善していくことも必要ですが、個々の子どものつまずきの実態に即して、心理的・家庭的・環境的に様々な支援が必要になります。

　ことばだけがうまく出ればいい、ことばが増えればいいということではなく、子どものことば及びコミュニケーション能力などに関する実態を十分把握した上で、幅広く支援の方針を決めることが大切です。

　支援の内容としては、
①正しい音の認知や模倣
②構音器官の運動の調整
③発音・発語の指導など構音の改善に係わる支援
④遊びの指導による気持ちの開放
⑤わらべ歌によるリズムとことばの同調
⑥ドラマワークなどによる、気持ちをことばにすることとそれを表現する支援
⑦遊びや日常生活の体験を結びつけた言語機能の基礎的な事柄に関する保護者への助言
などが考えられます。これらの内容については、保育者自身が「子どもと保育研究所ぷろほ」の講座をはじめ、様々な研修でスキルを高めて頂きたいと思います。

　また、ことばのつまずきは、子どもの対人関係など生活全般に与える影響が大きいことから、話すことの意欲を高める指導、カウンセリングなども必要になることがあります。

　指導にあたっては個別指導が中心になることが多いので、個別指導計画を立案し、それに基づいて行うのが望ましいといわれています。なお、視聴覚機器などの教材・教具を有効に活用し、指導の効果を高めることも大切になります。また、グループ活動よって意識

せずにことばが増えてゆくことや改善されてゆくこともあるでしょう。

また、言語障害の改善・克服のためには、園や学校における特別な配慮のもとに、生活場面で継続的に発音・発語の練習を行う必要があり、家庭との連携を密接に図ることが欠かせません。さらに、器質的な障害を持つ子どもに関しては、医療機関などとの連携を図ることも重要な意味をもってきます。

1　子どもへの関わり方の基本的原則

ことばにつまずきのある子どもへのことばへの関わり方としては、一般的に次のようなことが言われています。

①子どもの表現は可能な限り受容するようにします。子どもの表現をまずしっかりと肯定的に受容し、理解しようと努めることで、子どもとの信頼関係が成立し、言語治療を促進します。

②ことばは養育者を中心とした人間関係の中から発達していきます。養育者の安定を支えましょう。

③言語障害の症状と原因とを短絡的に結びつけたりしないようにしてください。同じ症状であっても、異なる原因によって生じることも多いからです。また、ある症状を引き起こしている原因が、2つ以上ある場合もあります。

④ことば以外の手段を通して、ことばを育てることも必要です。

　絵画、造形活動、ごっこ遊びなどがことばの世界の基盤作りとなります。ことばだけが全てではないということも心しておき、絵画療法や音楽療法、箱庭療法などと並行してことばの発達を促す必要があります。

⑤日常的な豊かな体験がことばを育てます。「みかん」ということばは、みかんに触れ、匂いをかぎ、食べるといった活動を通して、それらをひっくるめたものとしてことばが成

立するからです。黄色い、丸い、やわらかい、かたい、大きい、小さい、表面がぶつぶつしている、甘い、すっぱい、重い、軽い、いい匂いなど、あらゆる感覚を動員して得られる情報がみかんの理解に役だっているのです。

　感情や実感のこもったことばを大切にして、体験とともに実感のこもったことばと子どもが出会えるようにします。「猫」という名前を知ることと、猫に触ること、猫と遊ぶことは全く違う体験です。

⑥多様な人間関係を重視します。同じものでも、人によって表現の仕方が違ったり、状況によってことばの使い方が違ったりすることに出会うことも、ことばの体験としては重要です。

⑦障害を持つ子どもに対しては、長期の見通しを持って支援することが大切です。将来を見通すといっても、原則は保育や教育の原点である「現在を最もよく生きる」ことが基本です。

⑧常に子どもを社会的存在としてとらえ、他者との関わりや社会・文化との関わりを大切にしましょう。

2　ことばの遅れがある子どもへの対応

(1) ことばの遅れの原因

　ことばの発達の遅れの原因は、およそ次のような4つに大きく分類することができます。

①知的発達の遅れ
②発語に関する機能的原因
③脳の機能障害
④聴力障害

　これらの中でも圧倒的に多いのが、「知的発達の遅れ」です。ちなみに、ある特別支援学校の言語障害の実態をみてみると小学部での出現率は90％以上で、中学部でも48％を越えています。この実態からも分かるように、知的障害の大半はことばの発達も遅れているということができます。このことから、知的障害に対することばの指導は、個別に、あるいは、集団的に様々な方法と形態でおこなう必要があります。

(2) ことばの発達の遅れの診断

　「ことばの発達の遅れ」というのは、極めて総合的な障害であるので、そのためには子ど

もの発達を確実に把握していなくてはなりません。

　ことばに係わる子どもの発達の領域を取りあげてみると、社会性・運動・人間関係・情緒・構音器官、などと広がっていきます。

　そこで、こうした発達の領域を知る手がかりとなる検査で、現在広くことばの教室等で行っている主なものを幾つかあげると次のようなものがあります。ここで取りあげている牧野・山田式言語保育発達検査はこれらをベースにしながらも、保育実践に結びつくための工夫を備えたものとして作成されています。

①田中ビネー知能検査
②ITPA
③WISC
④社会生活能力検査
⑤遠城寺式精神発達検査
⑥言語障害児の選別検査

(3)「ことばの発達の遅れ」の子どもの一般的指導方法

①子どもの興味・関心を重視

　子どもたちは、どのような発達段階にある子どもでも、周りのものに対して興味・関心を示すものです。その子どもが示した興味・関心を見逃さずに見つけ、それに対応していくことが大切なことです。

②繰り返し

　子どもが目的の活動に興味・関心を示したら、その直後にできるだけ同一の場を設定し、同じ活動を繰り返していくことが大切になってきます。

　ことばの獲得は、どこまでも学習活動ですから、一定期間、同じ場を設定し、活動を繰り返しながら、その中から子どものことばを導き出さなければなりません。

　ある子どもが、ことばを獲得できたように見えてもすぐに忘れてしまうのは、そのことばを活用する場が、その子にとっては少なかったためであり、学習が成立していなかったということになります。

③遊び化

　子どもの学習は、できるだけ自主的、自発的なものであることが望ましいといえます。そのためには、どうしても子どもの学習を知的好奇心に満ちたものにして遊び化していく必要があります。

ア）子どもは、本来活動することを好みます。

イ）発達の遅れた子どもは、抽象化、概念化が難しいために、具体的な行動から入っていくことが必要です。

ウ）発達の遅れた子どもたちは、心身の発達も未分化なので、身体運動も含めて、総合的に学習していく必要があります。

　ことばは自分に向かって語りかけられて初めて受けとめられるのです。自分にどれだけ肯定的なことばがかけられて育ったかが、子どもが獲得することばに影響します。自分に都合のいいことは覚えやすいのです。ですから、それを咎めるのではなく、その子どもに都合のいいことばをたくさんかけてやることでことばを増やしてゆくことができるのが「ことばの専門家」といえるのかもしれません。

　運動発達や社会性の発達になんら遅れが見られないにも係わらず、ことばに遅れが見られる場合は、純粋なことばの遅れ（ことばに関する学習障害）といえるでしょう。楽しく遊ぶ中で、発語やコミュニケーションが促されることが大切です。

　ことばの発達の背景や治療的工夫などについて、詳しくは第4章を参考にしてください。

3　発達障害の子どもへのことばを促す関わり

（1）AD/HD の子どもたち

　AD/HD の子どもたちにおいては、ことばを落ち着いて聞き取ることに支障が生じます。また相手に伝わるように丁寧に話すことや、相手が受け取ったかどうかを確認する注意力に課題がある場合には、ことばの獲得が難しい場合もあります。

　聞こえは注視と関係しています。注意欠陥がある子どもには音は入っていても、注視が持続しないために、ささやきの課題において正答率が下がることが予測されます。

　このような子どもたちには、注意を促すサインをおくったり、名前を呼んだり、興味のある小物を保育者の顔の前に出したりしながら注意を喚起して保育をすることが必要になります。牧野・山田式言語保育発達検査はそれらがつかみやすい検査になっています。

（2）自閉症スペクトラムの子ども

　自閉症スペクトラムの子どもたちは、人に関心が持てないことからコミュニケーションそのものに関心がないためことばの獲得は遅れがちです。

　自閉症スペクトラムの子どもにとって難しいのは、まず言語理解です。従って語彙の検査の中でも最も簡単である「身体図式」で引っかかることがあります。言語に遅れのない自閉症スペクトラムの子どもはここをクリアしますが、生活理解などで思わぬ困惑を示したりします。しかし、身体図式についての回答は指さしで可能ですが、ミニチュアでの語彙の検査は発語（言語野）の問題になります。

　自閉症スペクトラムの子どもはことばは入っていても意味が入っていない子どもたちです。彼らへの言語的アプローチは、ことばを教えることは重要ではなく、得意なこと、好きなことに繋げて、意味を持ったことばを広げてゆくことでしょう。

（3）学習障害の子ども

　他の部分は全部できているのに、ある検査だけに引っかかりが生じる子どもの場合、学習障害を疑うことができます。その子どもが引っかかる検査が発音なのか、短期記憶なのかなど、検査の項目の中でその子のつまずきが見えてきます。

　しかし、何らかの学習障害を持っていても、楽しい得意な分野の保育が充分に展開されることで、他の脳の部位が補って学習障害を改善することがあります。

　発音に影響がある口蓋裂、脳性まひや検査で見つけられる吃音の子どもについての関わりは、第2章のQ＆Aを参照してください。

第4章

遊びの中でのことばの支援

1 発音・発声器官

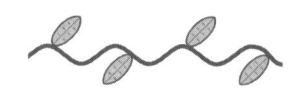

ことばが発せられるためには、左下の図のような器官の働きが必要になります。この章ではこれらの名称が随所に出てきますので、確認しておきましょう。

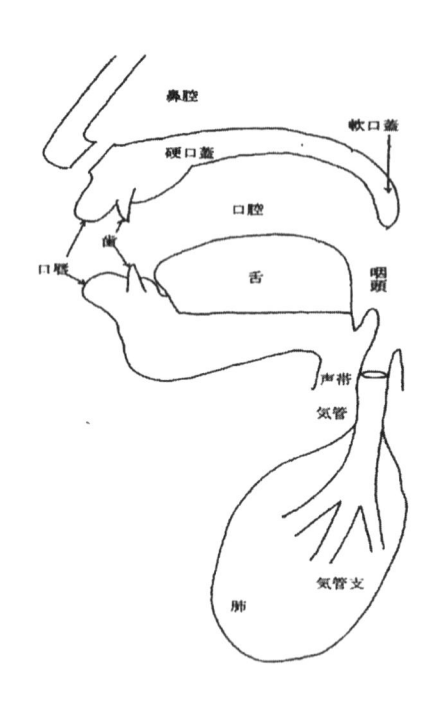

2 基本の練習

発音の練習に入る前に、発音のために必要な器官の運動は十分にできているかを把握し、必要であれば訓練をします。器官の働きが不十分なままで発音練習をしても徒労に終わってしまいます。

発音のために働いている器官はものを食べたり飲んだりするための器官でもあります。発音の不明瞭な子どもの場合は、ものを食べる様子もよく観察してください。食べることが下手な場合は、食べ方を上手にしていくこと自体も、発音の基礎になる練習につながります。

(1) 口唇の練習

ここで紹介する動きや遊びは、ことばや発音に影響がある口唇の動きです。日常の遊びの中で確認しましょう。

①唇を大きく開けたり閉じたりする。
　（ゆっくり、はやく）（母音、バ行、パ行、マ行音の口）

②唇をとがらせたり横に広げたりする。
・唇をとがらせる。（ひょっとこの真似）
　（母音 u）
・唇を横に広げる

③口の中に息をためる。
・右側だけにためたり、左側だけにためたり交互にする。
・ほっぺたを指でつついて ｐｕｐｕ……と音を出す。
（パ行、バ行）

④唇で紙テープをはさんでひっぱりっこをする。
⑤上あごと舌先で紙をはさんでひっぱりっこをする。

（2）舌の練習

舌の練習では、舌を意図的に自由に動かせることや、舌の緊張をとることが大切なねらいになります。検査以外で子どもと遊びながら、口を開けてもらって口蓋を観察したり、鼻に抜けるような声の子どもの上口蓋を確認したりするようにしてください。

①色々な口形で舌打ちをする。

②舌の出し入れをする。

③舌で口唇の回りをなめる。

④舌の先を色々なところへ動かす。
　㋐口唇の左右の角に触れる。

㋑上唇や下唇に触れる。
　㋒上歯に触れる。
　　硬口蓋に触れる。

⑤舌を細める、丸める、などいろいろな運動をする。

⑥ボーロを舌に乗せて口唇に触れないように出し入れを
　する。
⑦ボーロを舌と硬口蓋でつぶす。

（3）顎の運動

①口を開いたり閉じたりする。

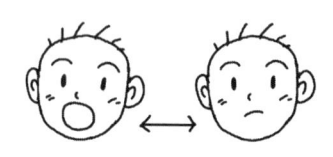

②下顎を右に動かしたり、左に動かしたりする。

```
舌や唇を使った遊び
　　舌ジャンケン　　グー　　舌先を硬口蓋に付ける
　　　　　　　　　　チョキ　舌を細めたり丸めたりして出す
　　　　　　　　　　パー　　舌先を下歯の裏に付けて平らにする
　　唇ジャンケン　　グー　　ヒョットコのように突き出す
　　　　　　　　　　チョキ　横に広げる
　　　　　　　　　　パー　　大きく開ける
```

（4）口蓋・咽頭の機能

　口蓋や咽頭の運動は、鼻咽喉閉鎖機能を高めたり、口腔内圧を高めることがねらいです。
　鼻咽喉閉鎖機能…必要に応じて呼気を鼻咽腔に流したり止めたりする喉の奥の機能。
　口腔内圧…………口の中にためられる呼気量のこと、口腔内圧が低いとことばが不明瞭
　　　　　　　　　になる。

吹くことには、強く吹く hard brow と弱く吹く soft brow があります。hard brow は子どもも興味をもちやすく、指導しやすいものですが、発語のためには、soft brow ができることが大切なことです。特に、口蓋裂の子どもの場合は soft brow の練習をこまめにすることが大切です。

①いろいろなものを吹く。
　（綿、ピンポン玉、風船、風車、紙片、リボン）
②ラッパや笛などを吹く。
③ロウソクの火を吹き消す。
④コップの水をストローでふく。
　・コップに 10cm 程度の水
　・ストローは太くて長いほど難しくなる

⑤しゃぼん玉をつくる
　大きく作るほど soft brow の力が必要になる。
　※音の出るおもちゃでは、ハーモニカがよいようです。種類によって吹く力が違ってきますので、よく把握しておくとよいでしょう。他にもティッシュを吹くなど吹く力のコントロールを育てる遊びはいろいろあります。子どもに合ったものを工夫してください。

（5）呼吸・発声の練習

　息の仕方にはいろいろなパターンがあります。いろいろな方法で呼吸したり、息の出し方に変化をつけたりする遊びも大切なことです。

　①深呼吸や腹式呼吸をする。
　②呼吸四態
　　口から吸って、鼻から出す。（口吸鼻呼）
　　鼻から吸って、口から出す。（鼻吸口呼）※話ことばに通じる

　　　　口から吸って、口から出す。(口吸口呼)
　　　　鼻から吸って、鼻から出す。(鼻吸鼻呼)
　　　　　注：できる呼吸法から始める
　③息を出したり、止めたりする。
　　　弱く出したり、強く出したりする。
　④　一息を長く吹く。　　　┌──────────────┐
　　　　　　　　　　　　　　└──────────────┘

　　　一息を区切って出す。　┌── ── ── ── ──┐
　　　　　　　　　　　　　　└── ── ── ── ──┘

　①〜④の呼吸の練習に加えて、声を出すこともしてみましょう。初めは母音など発音しやすいものがよいでしょう。「だれが、なが―くいえるかな」と保育者やクラスの友だちと一緒にしてみると面白いかもしれません。
　発声持続時間が、5歳(年中)以上で5秒以下の場合には長い呼吸ができるように練習しましょう。しかし、ことばに問題のない子どもでも、初めてのときは2〜3秒しか続かないこともありますので、発声が続かないといってすぐに問題とするのではなく、気長に練習しましょう。

(6) 噛む、吸う、飲み込むの練習

　食べるということはことばに関係する大切な機能です。昼食やおやつの様子をよく観察してみましょう。
家でできる練習や工夫を以下に示します。
　①ガムなどを甘さがなくなるまで、しっかり噛む。
　②堅いものを噛む。(おやつに堅いものを出す)
　　　・スルメ　・コンブ　・豆　・煮干し　など
　③リンゴやトマトを丸ごと食べたり、大きめに切ったものを食べる。
　④レタスやキャベツを生のまま食べる。
　⑤ヨーグルトなど（半固形物）をストローで吸う。
　⑥ラーメンやうどんを吸って食べる。

※飲み込むときには口を閉じて飲み込むよう指導します。

　機能訓練として行うのではなく、これらをもとにして、興味を持ち、楽しみながら取り組める支援の方法を工夫することが大切です。

3　発音の練習

（1）どの音から？

　幾つかの音に発音の誤りがある場合、どの音から指導していくか考えなければなりません。下記の項目を参考にして練習を組み立ててください。また、3ヶ月程経っても指導した音に変化のない場合は、見直しをするほうがよいでしょう。

○発音の運動のやさしい音から
○発音の様子が目で見やすいものから見えにくいものへ
○正しく言えたり誤ったりする音から
○耳で聞きわけやすい音から
○生活の中で使う頻度の高い音から
○子どもの必要感や自信の様子から指導しやすいと思われる音
○指導者の指導の得意な音から
　（スムーズな発音の改善により子どもに自信がつく）

p.33 の発音の発達表や下記のような発達の順を知っておいて、それに沿って練習を提示してゆくことが必要でしょう。

発音の発達順
・通鼻音（マ行　ナ行　ニャ行　ン）→破裂音（パ行　バ行　タテト　ダデド　カ行　ガ行）→破擦音（ツ　ズ　チ　チャ行　ジ　ジャ行）→摩擦音（フ　ワ　サスセソ　ザゼゾ　シ　シャ行　ジ　ジャ行　ヒ　ヤ行）→弾音（ラ行）

（2）指導のステップ

発音指導では、次の①～⑤のステップで支援していくことが、一般的になっています。

①音の聞き分け練習

> 発音の指導に入る前に、いろいろな音を聞きわける力があるか、また、指導音が聞き分けられているか、調べてください。音を聞きわける力が育っていないと、支援をしてもなかなか発音が身につきません。

自分の誤り音に気づく。

〈音の聞き分けのための遊び〉
（にこにこぷんぷん）
　にこにこカードとぷんぷんカードを持ち、正しい発音が聞こえたときはにこにこカード、違って聞こえたときはぷんぷんカードをあげる。
　○×ゲームにしても面白い。

（おもしろかるた）
　「ミカン」と「ミアン」、「ロボット」と「ボボット」など子どもの間違えている発音のものの絵を描き、先生の

発音を聞いてとる。

②単音節の練習

　一音が言えるだけでなく、長く延ばしたり繰り返したりリズミカルに言ったりして、いろいろな言い方ができるようにする。

③無意味語の練習

> 　発音の仕方を覚えても、それまで使っていたことばを正しく言いかえることは、癖のようなものができていてなかなか難しいことです。そこで、有意味語の指導の前には、無意味語を使って語による発音の練習をします。

・音節の少ないものから多いものへ、いろいろな語の組み合わせで練習をする。
・組み合わせる音は子どもの発音できる音で、容易なものから始める。
　母音との組み合わせから子音との組み合わせへ

〈無意味語作りの遊び〉
ひらがなサイコロ

　ひらがなを書いたサイコロをつくり、2～3個同時に投げて、出た文字を組み合わせて（無意味な）ことばを作って発音させる。

④有意味語の練習
・子どもにとって身近でよく使うことばから
・目的音のある位置が、語頭→語尾→語中の順に
・音節の少ないものから多いものへ

⑤文や会話での練習
　④までの指導を十分にしておくことが大切である。

（3）発音の指導法

専門的な発音の指導法としては以下のようなものがあります。

①発音定位法

　正しい音を出すときの器官の動きを印象づける。

②聴覚刺激法

　正しい音の刺激を与える。

③キーワード法

正しく発音できている語をさがし、その語をキーワードとして他の語に般化させる。

④他の音を変化させる方法

　ある音を出し続けながら、舌や唇や顎を動かして正しい音に近づける。

⑤漸次接近法

　誤り音を発達に添って少しずつ正しい音に近づけていく。

発音の指導は子どもの実態を把握して、どの方法がよいかを柔軟に考えて適用します。

4 練習法

「ア」の練習

〈発音の仕方〉

口のあけ方は、歯と歯の間に、親指を縦に入れ、はさんだぐらい。舌は平らで力を入れない。舌先が軽く下歯の裏にさわる。鼻にひびいたり、舌を動かさないで、自然な声を出す。

〈発語誘導〉

○ボールでピンを たおして「アタリ！」
あくびをして「アーァ」
赤ちゃんの泣き声「アーン、アーン」

○ゴムふうせんをもって「アー」
風船の振動を感じさせる。

○かがみを みて「アー」と いいましょう。
　ボーロを舌に乗せ、落とさないように [ア] の発音を誘導する。

○手拍子の真似（ぱんぱん、ぱぱんぱん）
○ピストルの音（パーン！）

（以下♪印はわらべ歌を使っての発音練習を提案しています。他のわらべ歌は次節に紹介しています。）

♪　アシアシアヒル　カカトヲネラエ

「イ」の練習

〈発語誘導〉
○手をあげて　おおきな声で返事「ハーイ」
　あたまをなでで「イイコ、イイコ」
　小鳥や笛のまね「ピー、ピー」
　先生「モウイイカイ」子ども「モーイイヨ」

〈発音練習〉
○せんべいを横にして噛み、「イー」と言う
○「イーだ」

「ウ」の練習

〈発語誘導〉
○しょうぼうじどうしゃの　まね「ウー、ウー」
　車のまね「ブー、ブー」

○セロハンを口にあてて「ウー」
　響きを感じとる

〈音器訓練〉

○けぶえを　ふくらます
　綿や羽毛を吹く

※「ウ」が「フ」になる場合は、羽毛などを利用して違いに気づくようにする。
「ウ」の場合は羽毛が飛ばない。

「エ」の練習

〈発語誘導〉

○ヤギの鳴きまね「メーメー」
　赤ちゃんの泣きまね「エーン、エーン」
　かけ声「エイ　エイ　オー」「エイヤー」
　舌を出して「あっかんべー」
　できたよできた！「エライ　エライ」

〈発音練習〉

○舌のくぼみにボーロをのせて、「エー」と言う。

○「アエイ」と繰り返しながら、口形の違いや舌の位置の変化に気づくようにする。

♪　どっちどっちえべすさん　えべすさんにきいたらわかる

「オ」の練習

〈発語誘導〉

○友だちや先生を呼ぼう「オーイ」
　汽車だよ「ポー、ポー」「ポッポッポー」

○おつむ　てんてん

○いろいろな競争遊びで「ヨーイドン」

○できたよ、OK！

〈発音練習〉

○「アーオー」と繰り返して変化に気づかせる。
○人差し指を口唇にはさんで、「オー」と言う。

※「ホ」になるときは、息が出すぎているので、「ウ」と同様の指導をする。

「カ」行の練習

〈発語誘導〉

○動物のまねっこ
　からすは「カーカー」(動きながら)
　　馬は「パッカ、パッカ」
　　にわとりは「コケコッコー」

〈音器訓練〉

○うがいの練習をする。

〈発音練習〉

○やや上向きで、ストローの水滴を落として奥舌で止めると「k」音が出る。
　喉の奥で息を止まることがポイント(口蓋裂の子どもには難しい)。

○遊びの中で「カ」行音や「カ」行のつくことばを繰り返して言う練習をする。
　「カア　カア　カア」「キラキラ」「クルクル」「コロコロ」

○「カ、カ、カ」と言いながら、綿や紙を吹き飛ばして、呼気の様子に気づくようにする。

♪　ドノコガヨイコ　コノコガヨイコ
♪　カクカクカクレンボ　チャワンニオタフク　スッペラポン！

「ガ」行の練習

〈発語誘導〉
○アヒルは「ガーガー」
　いびきは「グーグー」「ゴーゴー」

〈音器訓練〉
○声を出してうがいをする。
　水の量は少ない方がよい。

〈発音練習〉
上記カ行をガ行にかえて言ってあそぶ。
　「ガア　ガア　ガア」「ギラギラ」「グルグル」「ゴロゴロ」
　「カ」行音と「ガ」行音の違いを確認するには、口元に綿などをおいて、綿の動きの変化に気づくようにする。(「カ」行音では飛ぶが、「ガ」行音では飛ばない)
　これも訓練としてではなく、日常の中での楽しい遊びとして知っておくとよい。

♪　ぎっちょ　ぎっちょ　こめつけ　こめつけ

「サ、ス、セ、ソ」の練習

〈発語誘導〉
○すり足で歩こう「スースースー」
　手足をこすって「スッスッスー」

〈音器訓練〉
○ストローでいろいろなものを吹く。

色紙の入ったコップの水、セッケン水
↓
ストローを舌と上歯で挟んで吹く。
↓
ストローを取っても「sー」

　中舌が盛り上がらないように注意し、これができない場合は、スプーン型の舌づくりの練習もする。呼気を中央に集めることがねらいである。
ストローで泡をたてたり、ぶくぶくを競争したりする遊びも楽しい。

♪　なべなべそこぬけ　そこがぬけたら　まわりましょ
♪　せっくんぽせっくんぽ　なかんやつぁせだせ
　　せっくんぽせっくんぽ　おされてなくな

「シ」の練習

〈発語誘導〉
○どろぼうごっこ　　　そーっと歩いて「シーシー」

○にわとりやうさぎを追いかけて

「シッ、シッ、シッ」
（応用）正しく言えたらにわとりやうさぎが動かない、正しく言えないうちはガーガーと動くなどと組み合わせてルールのゲームにしてもよい。

〈発音練習〉
○「s」と「ʃ」を区別しながら、
　　口元に綿などをおいていわせると、「s」の場合は飛んで行く。
○正しく使っていることばがある場合、そのことばから「シ」の音を分離させていき、定着の指導をする。　「ウシ」→「シ」

♪　イチリ　ニリ　サンリ　シリシリシリ

「ザ、ズ、ゼ、ゾ」の練習

〈発語誘導〉
○動物のまねっこ
　　ぞうさん「ズシズシ」いもむし「ゾロゾロ」
　　ありさん「ゾロゾロ」

〈発音練習〉
①「s」の復習をする。
　　　s ——————— s　s　s
②「s」と「z」の発音をして喉や胸に触れ、
無声音と有声音の響きの違いに気づくようにする。

○「サ」行が完了しているので、「ス」を有声音化して「ズ」を導く。
　　「ツ」がいえる子は、「ツ」を有声音化して「ヅ（ズ）」を導く。

「ジ」の練習

〈発語誘導〉

○せみの鳴きまね「ジージージー」
　にらめっこ「ジー」

〈発音練習〉

①「ʃ」の復習をする。
②「ʃ」と「ʒ」の発音をして、喉や胸に触れ、無声音と有声音の響きの違いに気づくようにする。

○「シ」が完了しているので、「シ」を有声音化して「ジ」を導く。

「タ、テ、ト」の練習

〈発語誘導〉

○「肩たたき」「手をたたきましょう」の歌を歌う。
　「おつむてんてん」の手遊びをする。
　太鼓などたたいて「タン、タン」「トン、トン」

〈音器訓練〉

○ミルクせんべいに舌先で穴をあける。このとき、せんべいを割らないように注意する。

○上歯の裏側に、はちみつなどを塗って舌先でなめる。

　※ミルクせんべい：駄菓子やさんなどで売っている2mm程度の厚さのウェハースのような煎餅

♪　たこたこあがれ　てんまであがれ
♪　タマゲタ　コマゲタ　ヒヨリゲタ

「ツ」の練習

〈発語誘導〉
○いろいろなものを「1ツ2ツ・・」と数える。

〈発音練習〉
○前歯茎にミルクせんべいをつけて、前舌に触れ
　ツバを飛ばすように息を出す。

○手の甲に「ツ、ツ」と言ってツバを飛ばす。

○「s」（ス）の音から「スーッツ」と誘導する。
　口形は変わらず舌先を歯茎に触れることで音の変化を誘導する。

「チ」の練習

〈発語誘導〉
○「とけいのうた」を歌う。
○乗り物の音「チン、チン、ゴーゴー」「チリン、チリン」

〈発音練習〉
○奥歯茎にミルクせんべいをつけ、前舌で触って息を出す。
　　　前舌の位置は「ツ」よりもやや奥である。

○手の甲に「チッ、チッ」と言ってツバを飛ばす。

○「ʃ」（シ）の音から「シーッチ」と誘導する。

「ダ　デ　ド」の練習

〈発語誘導〉

○「大きな太鼓」「でんでんむし」「だるまさん」の歌遊び

○　太鼓の音「ドン、ドン、ドン」
　　でんでん太鼓「デン、デン、デン」

〈発音練習〉

①「タ、テ、ト」の復習を十分にする。
②「ターダ」「テーデ」「トード」「タタタ　ダダダ」「タダ」など言う。
　　この時、手のひらを口の前にかざして息の出方の違いに気づくようにする。

③声を出さずに、「t、t、t」という練習をする。
④声をつけて、「d、d、d」という練習をする。
⑤「d」のあとに母音をつけて「ダ、デ、ド」の練習をする。

♪　ダイコンツケダイコンツケ　ウラガエシ
　　　ダイコンツケダイコンツケ　オモテガエシ
♪　ダイコンカブラノニンジンノホイ
♪　オエビスダイフクドッチガヨカンベ　ドウデモコウデモコッチガヨカンベ
♪　ドッチドッチエベスサン　エベスサンニキイタラワカル
♪　デンデンムシデムシ　デナカマブチワロ

「ナ」行の練習

〈発語誘導〉

○お人形を寝かせて「ネン、ネン、ネン」
　　亀さんは「ノロ、ノロ、ノロ」

（舌の運動）

①下を上歯茎につける。

②舌を上につけたまま息を吸う。

③舌を上につけたまま声を出す

〈口形模倣〉

○鏡の前で先生と一緒に口まね
　「ナン、ナン、ナン」「ネン、ネン、ネン」
舌を上歯茎につけて
鼻から息を出しながら声を出すと水が震えます。
鼻から息を出すことで、コップの水（鼻音筒）が震えたことを確認できます。
（アイウエオでは水が震えない。）

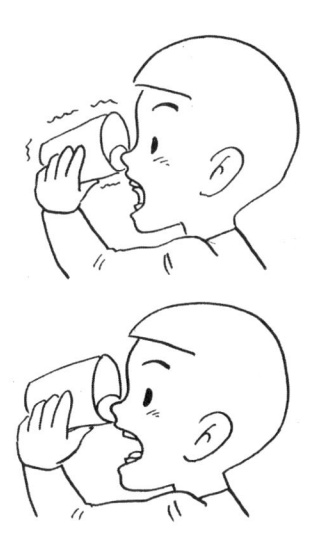

〈発音練習〉

○「マ」行音や「タ、テ、ト」音から誘導する。
「マーナー」唇を使うことから舌先を使うことへ変化させる。
「ターナー」器官の動きは同じで響かせ方を変化させる。

♪　カラスカズノコ　ニシンノコ　オシリヲネラッテ　カッパノコ

「ハ、ヘ、ホ」の練習

〈発語誘導〉

○いろいろな笑い方

　「ワッハッハッハ」「オホホホホ」「エヘヘヘヘ」

〈音器訓練〉

○いろいろなものを「ハー」と息をはきかけて遊ぶ。

　　小さなセロハン・オブラート

　　　　　　　　　→動く、クルクル回る

ガラス・鏡・コップ→くもる

手やからだ・ビニール袋→暖かい

掃除、ガラスにハァハァ

鼻から息が漏れないように

強く、弱く、長く、短くなどいろいろな吹き方をする。

○ハとア、ホとオ、ヘとエ（無声音と有声音）を区別しながら発音する。

　コップを口にあてて言うと、ハ・ホ・ヘではくもる。

「ヒ」の練習

〈発語誘導〉

○落ち葉や蝶々になって「ヒラ、ヒラ、ヒラ」

○馬は「ヒヒン、ヒヒーン」

〈発音練習〉

「ヤ」の音から誘導する。

「ja、ヤ」の復習をする。

「j」の構えで息を出す。

「フ」の練習

〈音器訓練〉

○吹く遊び

　巻き笛、玉ふき、風車、ろうそく、羽毛、綿

　しだいに吹くものを軽いものにしていき、軽く、弱く吹くことができるようにする。

〈発音練習〉

○有声音と無声音が区別できる場合、

　「F」と「u」を結合させて「Fu」に近づける。

　　だんだん短くしていく

無声音から有声音への変化のさせ方を視覚的に捉えやすくするため、サインを決めたり、色カードを使ったりするとよい。

「パ」行の練習

〈発語誘導〉

○鉄砲で「パン、パン、パーン」

　小鳥になって「ピーピーピー」

　　　　　　　　汽車になって「ポッポー」

　　　　　　　　風船で遊びながら「ポーンポーン」

〈音器訓練〉

○口に息をためる　→　息をぱっと吐く。

〈発音練習〉

○口元に羽毛や紙片などの軽いものをおき、発音しながら飛ばす。
　息が強くなったり、長くなったりしないように気をつける。
　ロウソクならば炎が揺らぐ程度である。

「バ」行の練習

〈発語誘導〉

「イナイ、イナイ、バー」

「ベロ　ベロ　バー」
飛行機「ブーン　ブーン」
紙を被って「ビリビリ」
爆弾が「ボーン！」

〈発音練習〉

○声を出さずに「P、P、P」という練習のあと、
母音をつけていく。

　　　　「p」→「p－a」→「p a」

○「バ」行音と比較させながら「パパ」「ピピ」など言う。

　「バ」行は息の出方が「パ」行より少ないので、口元に羽毛などの軽いものをおき、飛び方に違いがあることに気づくようにする。

♪　バッタンバッタン　バッタンサン　オコメハイクツツケマシタ
　　バッタンバッタン　バッタンサン　ハタハナンタンオレマシタ

「マ」行の練習

〈発語誘導〉

○生き物の鳴きまね「モーモー」「メーメー」「ミーンミーン」

○唇につばをためて、静かに開きながら、つばでふうせんを作る。

○ロウソクを立てて「マン、マン」と手を合わせて拝むまねをさせる。このとき炎が消えないように気をつける。

♪　モグラモックリショ　キネモッテドッコイショ

「ヤ」行の練習

〈発語誘導〉
○刀をもって「ヤーヤー」「エイヤー」
　山登り「ヤーホー」
　抱っこをして「ユーラ、ユーラ」
　水鉄砲で「ピューピュー」

○いろいろな競争で「ヨーイドン」と言って遊ぶ。

〈発音練習〉
○口に細長いお菓子や指をはさんで「イー」
　そのまま口を開いて「イーアー」「イアー」
　「ヤー」と言う。

○口にはさんだ細長いお菓子や指を出しながら、
　「イーアー」「イアー」「ヤー」と言う。

♪　くまさんおでかけ（円になって一方向に歩きながら遊ぶ。）
一本道をテクテク　　くまさんおでかけ「いってまいりまーす」
や！水たまり‥「泳いで渡ろう」じゃぶじゃぶ
一本道をテクテク
や！石ころ‥「跳び越えよう」ピョーン
……………
　　「や！」と何かを見つけることを繰り返す。子ども一人ひとりが「や！」といって何かを続けながら、
　　全員でその動作を遊んでもいい。

「ラ」行の練習

〈発語誘導〉
○　ボール遊びで「コロコロコロ」
　　落書きしながら「グルグルグル」
　　電話遊びで「リーン、リーン」

〈音器訓練〉
○　皿にのせた砂糖をなめたり、唇にきなこをつけてなめたりする。
○　歯茎裏にはちみつを塗って、舌先でとる。

〈発音練習〉

○ 手を「ラ」と言うときの舌のように軽くふって、平らにとめるまねをしながら、「ラ、ラ、ラ」と言う。手と同じように舌を動かすことを意識する。

♪ イチリ　ニリ　サンリ　シリシリシリ

「ワ」の練習

〈発語誘導〉

○手をつないで輪になり、「ワー」
　おみこし「ワッショイ、ワッショイ」

○両手で小さい輪をつくり、それを広げる動作をして、「わー」と長くのばしたり「わ」とみじかく言ったりする。

〈発音練習〉

○口に細長いお菓子や指をはさんで「ウー」
そのまま口を開いて「ウーアー」「ウアー」「ワー」と言う。

○口にはさんだ細長いお菓子や指を出しながら、「ウーアー」「ウアー」「ワー」と言う。

「ン」の練習

〈発音の仕方〉

　日本語（国語）の「ン」は5種類あって、マ行の子音「m」と、ナ行の子音「n」と、ニャの子音「ɲ」、それに「k、g」と同じかまえで、声を鼻へひびかせて出す「ŋ」と、軟口蓋がさがって奥舌に軽くつける程度にし、声を鼻へひびかせる「ɴ」とがある。

　子どもに強いるものではありませんが、保育者は気をつけて区別して発音しましょう。

m	あとに p b m が続く	たんぽぽ、しんぶん、まんま
n	あとに t d n が続く	はんたい、ぱんだ、おんな
ɲ	あとに ɲ が続く	にゃんにゃん
ŋ	あとに k g が続く	はんかち、けんか、まんが
ɴ	その他	ほんや、ぱんや、まんいん

○「手をたたきましょう」のうた
○どうぶつのまねっこ
　　「ポンポコ」と　たぬきの　はらつづみ
　　「コンコン」きつねの　なきまね
　　ねこは「ニャンニャン」
○お人形遊びやままごとで
　　「ネンネン」とお人形や赤ちゃんを寝かせてあげる
　　「タントン、タントン」と肩たたきをして遊ぶ
○「ケン　ケン　パー」いしけりあそびやけんけん遊びをする。

促音「ツ」の練習

〈発音の仕方〉

　「ユックリ・イッパイ・ネッシン・モッテ」などのように、「k、p、ʃ、t」などの音ではじまる音節の前で、「k、p、ʃ、t」と同じかまえで息をつまらせる音である。

次の音	ことば	つまるところ
p （b）	はっぱ、ラッパ、いっぱい、おっぱい てっぽう ぶっぶー	唇
t ts tʃ （d）	ポット、あった、きって、バッタ みっつ… マッチ、スイッチ ダダダダ	前舌と歯茎
k （g）	いっき、がっき、サッカー、がっこう グッグッグ	奥舌と軟口蓋
s ʃ （F、h、ç）	まっすぐ、がっそう、いっさつ ざっし、いっしょ、 ハッハッハ	中舌のところで 息が切れる

○「ペッタン、ペッタン」と　おもちつきや「カッチン、カッチン」と時計のまねをしてあそびましょう。
○息を止めながら「パッパッパ」「タッタッタッ」「カッカッカッ」と３回ずつ言う。

♪　たけのこめだした　はなさきゃひらいた　はさみでちょんぎるぞ
　　えっさえっさえっさっさ

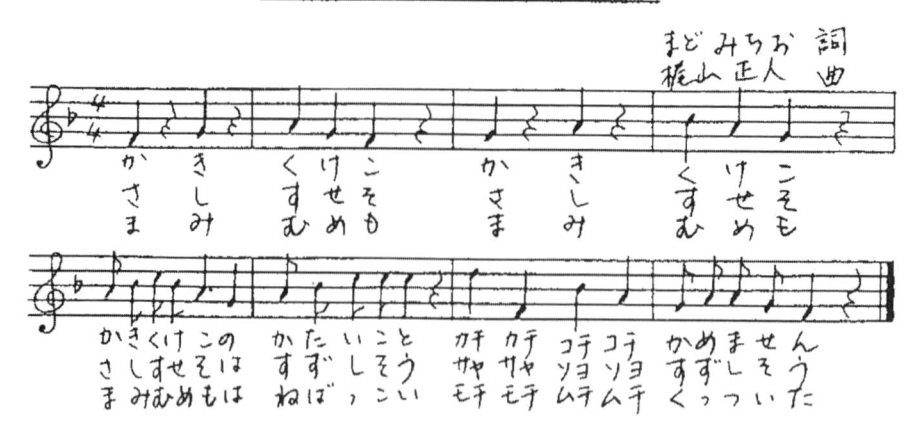

[楽譜: ことば あそびの うた / まど みちお 詞 / 檜山正人 曲]

歌詞（楽譜部分）:
- かさま / きしみ / くすむ / けせめ / こそも
- かさま / きしみ / くすむ / けせめ / こそも
- かきくけこの / さしすせそは / まみむめもは
- かたいこと / すずしそう / ねばっこい
- カチカチ コチコチ / サヤサヤ ソヨソヨ / モチモチ ムチムチ
- かめません / すずしそう / くっついた

あいうえお

まどみちお

あいうえおは　あおいでる
あおいうちゅうの　あおいうえを
かきくけこは　かたくてこちこち
かきっこくきっこ　かむけいこ
さしすせそは　すずしそう
さやさや　そよそよ　ささすすき
たちつてとたち　たてついた
たてとついたて　つったてて
なにぬねのはね　ねないのね
なきのなみだに　ぬれながらにね
はひふへほはん　はなはずかしい
はひひ　ふへへ　ほほがはれて
まみむめもは　もうむやみにねばつく
もっちりむっちり　あめまみれ
やいゆえよは　やわいようよ
ぶよぶよ　ぶゆぶゆ　やわやわよ
らりるれろなら　ろれつがもつれる
らるりり　れろりり　ろれろれろ
わいうえをは　おおさわぎだわ
わいわい　わやわや　てんやわんや

（子どもが引っかかっている行を使って歌詞を作り、歌にのせて遊びましょう。）

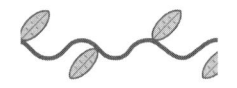

5　わらべうたを使ったことばの練習

大屋省子　（声楽家）

　子どもたちに発音が難しいことばがあったからと言って、そのことばを正しく言うように訓練されて楽しいはずがありません。一方、わらべ歌はリズムに乗せて歌うなかで、自然のうちに発音が正されてゆきます。例えば、どうしても「でんしゃ」が「れんしゃ」になってしまう子どもが、「でんでんむし　でむし……」の歌はみんなと一緒に歌えるのです。もちろん、「舌をどこにつけるのか？」「息を口から放つのか？」「鼻から抜けさせるのか？」などの言語訓練的な知識が必要な場合もありますが、保育の現場で日常的にできることは、次のようなわらべ歌を使って会話を豊かにしたり、リズムに乗せて楽しく歌うことではないかと思います。

　下記に、それぞれの発音を多く含むわらべ歌を例示しています。もっとたくさんあると思いますので、それぞれの園で、子どもたちとわらべ歌をたくさん遊んでいただき、ことばや発音についてその成果を教え合っていければと思います。

註：ひらがな→節（メロディ）つき、カタカナ→トナエ（節なし）
　　最初のマークは文末の出典を示します。

「ア」

- ◆ p.82　アシアシアヒル　カカトヲネラエ
- ■ p.31　アンコ　ジョージョー　アナダノケムシ　タケヤブノキノコガ　アッタタタタタタ
- ▲ p.55　たこたこあがれ　てんまであがれ
- ▲ p.84　あんまんだぶり　こだぶり　あまのかわ　すっとんとん
- ★ p.48　クリノキバヤシノ　アオカラス　イチモーテ　アンゲテナースケ　アンゲテマールボ　アンゲテトッテ　ニモ　ナ

「イ」

- ■ p.52　イッスンボウシ　コチョグチョ　タタイテ　サスッテ　ツマンデ　オワリ
- ■ p.54　イッチクタッチクタエモンサン　タエモハイクラデゴーワンス？　イッセンゴリ

ンデゴーワンス　モウチット　モウチット　スカラカマカラカ　スッテンドン！
- ▲p.47　いっぴきちゅー　もとにかえってにひきちゅー　にひきちゅー　もとにかえってさんびきちゅー　さんびきちゅー　もとにかえっていっぴきちゅー
- ▲p.62　いものにたの　さんまのしおやきの　ごぼうのむしたの　なのはな　はくさい　きゅうりとうなす
- ▲p.76　いっせんどうかはおもたいな　てくてくくらべのおうげさよ　きゅうとん！
- ★p.46　イチニノサンモノシイタケ　デッコン　ボッコン　チュウチュウ　カマボコ　デスコンパー
- ★p.86　イチニノサンチャンヨイ　ヨキタネ　イツキタヤ？　ムイカノヒ　ナンシイヤ？　ヤカマシカ　ココノミチハ　トゥラセンデ　アガシマショ

「ウ」
- ▲p.42　ウチノウラノクロネコガ　オシロイツケテ　ベニツケテ　ヒトニミラレテチョイトカクス
- ▲P.75　うぐいすの　たにわたり　うめにうぐいす　ほほけきょ
- ★p.59　ゆすらんかすらん　たかいやまこえて　ひくいやまこえて　あっぱっぱっ

「エ」
- ▲p.40　エエズ　ゴーゴー　カネ　ゴーゴー　カネノナイモナ　トウサンネ
- ▲p.32　どっちどっちえべすさん　えべすさんにきいたらわかる

「オ」
- ■p.67　おんまさんのおけいこ　いちにでさん
- ■p.69　オフネガギッチラコ　ギッチラコ　ギッチラコ　センゾウヤ　マンゾウゾ！
- ■p.80　おはぎがおよめにいくときは　あんこときなこでおけしょして　まるいおぼんにのせられて　ついたところがおにがしま　「ギャーッ」
- ■p.36　オオヤマコヤマ　ナガサカコエテ　セキポントハネテ　コチョコチョ　コチョコチョ
- ■p.42　おちょずおちょず　ねんねつぼねんねつぼ　かいぐりかいぐりかいぐりこ　おつむてんてん

- ▲ p.56　オヒサンオヒサン　ソッチバッカリテラント　コッチモチットテッテンカ　カワラノヤケイシ　ミンミントウ
- ▲ p.65　おちゃをのみにきてください　はい　こんにちは　いろいろおせわになりました　はい　さようなら
- ▲ p.82　おらうちのどてかぼちゃ　ひにやけて　くわれない
- ▲ p.83　オニサノルスニ　マメイッテガラガラ
- ★ p.58　おつきさんこんばんは　おはいり　じゃんけんぽん！　まけたらでなさい　おつきさん
- ★ p.82　おなみこなみ　こんまいなみおいちょいて　おっけななみばっかりこい　ばっかりこい！
- ▲ p.62　オエビスダイコクドッチガヨカンベ　ドウデモコウデモコッチガヨカンベ　オススノス

「カ行」

- ◆ p.84、114　カクカクカクレンボ　チャワンニオタフク　スッペラポン！
- ■ p.41　ベンケ　カンケ　オットコ　ショッカイ　オッカイ　モッカイ　セ　ノノメ　カンガメ　チョンボノ　ケ
- ■ p.58　チュチュコッコ　トマレ　チュチュコッコ　トマレ　トマラニャ　トンデケー！
- ★ p.65　ゆきやこんこん　あられやこんこん　どこでとしをとろうか？　さかきのしたで　すここんこんや
- ▲ p.32　ドノコガヨイコ　コノコガヨイコ
- ▲ p.77　カラスカズノコニシンノ　オシリヲネラッテ　カッパノコ

「ガ行」

- ■ p.57　かごかごじゅうろくもん　えどからきょうまでさんもんめ　ふかいかわへはめよか？　あさいかわへはめよか？　やっぱりふかいかわへ　どぶーん　（あさいかわへ　じゃぼじゃぼ）
- ■ p.44　シッタラ　シッタラ　アワワ　キャーグリ　キャーグリ　トットノメ　チーチポ　チーチポ　チーチーポ　アタマテンテン　ハラポンポン　ガッテン　ガッテン　ガッ

第4章　遊びの中でのことばの支援

テンコ
- ▲ p.82　ギッコン　バッコン　ヨイショブネ　オキハナミガ　タカイゾ！
- ◆ p.83　ぎっちょ　ぎっちょ　こめつけ　こめつけ

「サ　ス　セ　ソ」

- ■ p.40　さよなら　あんころもち　またきなこ
- ★ p.47　ぜんじゃら　ぼうじゃら　おちゃやにまかせて　そこひけ　ほい！
- ■ p.76　せんべせんべやけた　どのせんべやけた　このせんべやけた
- ■ p.91　せっくんぼ　せっくんぼ　なかんやつぁ　せだせ　せっくんぼ　せっくんぼ　おされてなくな
- ★ p.55　すいかばたけにまめばたけ　ことりがさんびきよってきて　にひきにげて　いっぴきにげて　じいさんばあさん　はらをたて　コトリノアシアト　イチ　ニ　サン！
- ★ p.62　じゅうごやのおつきさんな　まつのかげ　まつからさされてささのかげ　ささよーい　あずきささめささ　とったがりっかんしょ

「シ」

- ■ p.44　シッタラ　シッタラ　アワワ　キャーグリ　キャーグリ　トットノメ　チーチポ　チーチポ　チーチーポ　アタマテンテン　ハラポンポン　ガッテン　ガッテン　ガッテンコ
- ▲ p.48　しゃんしゃんしゃん　おしゃしゃのしゃん　おしゃしゃのきつねさん
- ★ p.65　ゆきやこんこん　あられやこんこん　どこでとしをとろうか？　さかきのしたですこここんこんや
- ◆ p.115　イチリ　ニリ　サンリ　シリシリシリ

「ザ　ズ　ゼ　ゾ」

- ■ p.71　ぜんぜがのんの　ぜんぜんの　ぶたんこはいらんか　ぶたんこをかわんか？
- ■ p.42　おちょず　おちょず　ねんねつぼ　ねんねつぼ　かいぐりかいぐりかいぐりこ　おつむてんてん
- ▲ p.63　ずくぼんじょ　ずくぼんじょ　ずっきんかぶって　でてこらさい！
- ★ p.47　ぜんじゃら　ぼうじゃら　おちゃやにまかせて　そこひけ　ほい！

124　第4章　遊びの中でのことばの支援

「ジ」

★ p.47　じょうりき　じょうりき　じょばんのていしゅ　おっこのみ　さしのみ　さらば　さらば　さぎになって　じゅんじゅと　ぬけろんじょ

■ p.55　ジージーバー　ジージーバー　チリン　ポロン　ト　トンデッター！

★ p.47　じょうりき　じょうりき　じょばんのていしゅ　おっこのみ　さしのみ　さらば　さらば　さぎになって　じゅんじゅと　ぬけろんじょ

★ p.62　じゅうごやのおつきさんな　まつのかげ　まつからさされてささのかげ　ささよーい　あずきささめささ　とったがりっかんしょ

「タ　テ　ト」

▲ p.55　たこたこあがれ　てんまであがれ

★ p.63　（とうりゃんせ　とうりゃんせ）ここのごもんはどこのもん？　てんじんさまのくぐりもん　どうかとうしてくださいな　ごようのないのにとおされぬ　てんじんさまのおつかいに　そんならとうりゃんせ　とうりゃんせ　かめのこどんどん　すっとんとん！

★ p.67　おてぶしてぶし　てぶしのなかに　へびのなまやけかえるのさしみ　いちょばこやるからまるめておくれ　いや

▲ p.48　たけんこがはえた　たけんこがはえた　ぶらんこ　ぶらんこ　さるがえり

■ p.51　トウキョウト　ニホンバシ　ガリガリヤマノ　パンヤサント　ツネコサンガ　カイダンノボッテ　コチョコチョ

▲ p.67　てるてるぼうず　てるぼうず　あしたてんきにしておくれ！

「ツ」

■ p.37　つつきましょ　ぽこぺん　だあれ

■ P.62　つんなんごう　つんなんごう　あらとのはままで　つんなんごう

★ p.78　ツルツル　カギニナレ　サオニナレ　タイコロバチノ　フタニナレ

★ p.85　オモヤノモチツキ　インキョノモチツキ　イットツイテ　ニトツイテ　テニツキ　アシニツキ　イヤポーンポン！

「チ」

■ p.54　イッチクタッチクタエモンサン　タエモハイクラデゴーワンス？　イッセンゴリンデゴーワンス　モウチット　モウチット　スカラカマカラカ　スッテンドン！

☆ p.58　ちんかん　ぽんかん　いむぬふぁや　いむてい　かさぬふぁや　かさてい　いち　に　さんし　ご

△ p.62　てんやのおもち　やぁらかいおもち　あんこちょいとふんで　しかられた

「ダ　デ　ド」

■ p.71　イチメドー　ニメドー　サンメドー　シメドー

■ p.41　メンメン　タマグラ　ツノダセ　ヤリダセ！

▲ p.35　ダイコンツケ　ダイコンツケ　ウラガエシ　ダイコンツケ　ダイコンツケ　オモテガエシ

▲ p.79　でんでんむしでむし　でなかま　ぶちわろう

▲ p.32　ドノコガヨイコ　コノコガヨイコ

▲ p.32　どっちどっちえべすさん　えべすさんにきいたらわかる

▲ p.33　だいこん　かぶらの　にんじんの　ほい

▲ p.62　オエビスダイコクドッチガヨカンベ　ドウデモコウデモコッチガヨカンベ　オススノス

「ナ行」

▲ p.58　なべなべそっこぬけ　そっこがぬけたらかえりましょう

▲ p.46　なべぁおおきぐなれ　すりばちゃちっしゃぐなれ

▲ p.72　ねこがごふくやに　たびかいござる　たびはなんもんなんのいろ　にゃにゃもんはんの　ねずみいろ

▲ p.41　ねすごした　ねすごした　おかいたきに　おきやれよ

▲ p.78　ねずみねずみ　ようかくり　ねこがいって　さがすぞ

■ p.84　にぎりぱっちり　たてよこひよこ

▲ p58　なべなべそっこぬけ　そっこがぬけたらかえりましょ

□ p.28　なきむしけむし　はさんですてろ

□ p.57　なかなかほい　そとそとほい　なかそとそとなか　なかなかほい！

▲ p.77　カラスカズノコニシンノ　オシリヲネラッテ　カッパノコ

「ハ行」

★ p.49　たけのこめだした　はなさきゃひらいた　はさみでちょんぎるぞ　えっさえっさえっさっさ！

★ p.66　ひふみよ　よものけしきを　はるとながめて　ほうほけきょとおっしゃった　そら　いっかんおわった

△ p.52　ひとやまこえて　ふたやまこえて　みやまめのおくに　ひがちんがりちんがりよ

☆ p.54　ひとなげ　ふたなげ　みなげ　よなげ　いつやのむすこさん　なんでやっこらせ　ここのとんで　おおさかけんぶつ　やっこらせ

★ p.74　ふるさともとめて　はないちもんめ　もんめ　もんめ　はないちもんめ　たろちゃんもとめてはないちもんめ　はなちゃんもとめてはないちもんめ　かってうれしいはないちもんめ　まけてくやしいはないちもんめ

★ p.48　いっちく　たっちく　じゅうにがふぃが　ちくむく　ちんぽらが　うどぅんぬくしんじ　ふるがよい

「パ行」

▲ p.33　イッポ　デッポ　グチ　ジョク　ジョットノ　ケー

★ p.46　イチニノ　サンモノシイタケ　デッコンボッコン　チュウチュウカマボコ　デスコンパー

★ p.59　ゆすらん　かすらん　たかいやまこえて　ひくいやまこえて　あっぱっぱ

「バ行」

◆ p.89　バッタンバッタンバッタンサン　オコメハイクツツケマシタ　バッタンバッタンバッタンサン　ハタハタナンタンオレマシタ？

▲ p.50　いちばちとまった　にばちとまった　さんばちとまった　しばちとまった　ごばちとまった　ろくばちとまった　ひちばちとまった　ハチガキテ　クマンバチガサシテ　ブンブンブン

★ p.67　おてぶしてぶし　てぶしのなかに　へびのなまやけ　かえるのさしみ　いっちょばこやるから　まるめておくれ　いや

第4章　遊びの中でのことばの支援　127

★ P.55　すいかばたけにまめばたけ　ことりがさんびきよってきて　にひきにげて　いっぴきにげて　じいさんばあさん　はらをたて　コトリノアシアト　イチ　ニ　サン！

■ p.39　ボウズ　ボウズ　カワイトキャ　カワイケド　ニクイトキャ　ペション！

■ p.65　ばくさん　ばくさん　うしとうんまとかえまいか　はい　どう　どう
　　　　ばくさん　ばくさん　うんまとうしとかえまいか　はい　もう　もう

▲ p.59　ぶーぶーぶー　たしかにきこえるぶたのこえ　めーめーめー　たしかにきこえるやぎのこえ　ちゅんちゅんちゅん　たしかにきこえるとりのこえ

「マ行」

■ p.52　まがんこ　まがんこ　まがんこが　なっちょるきゃ

▲ p.36　もぐらごんの　おやどかね　つちごろり　まいった　ほい！

★ p.84　むかえのおさんどん　かみゆってたもらんか　めんめんしょうでめをしかめ　はんはんしょうではなならし　くんくんしょうでくちあけて　しんしんしょうでしただして　あんあんしょうであごさぜる

▲ p.71　あぶくたった　にえたった　にえたかどうだか　たべてみよう　むしゃむしゃむしゃ　まだにえない（もうにえた）

▲ p.86　モグラモックリショ　キネモッテドッコイショ

「ラ行」

◆ p.115　イチリ　ニリ　サンリ　シリシリシリ

□ p.55　りんしょう　りんしょう　いちりんしょう　なも　いちりんしょう
　　　　りんしょう　りんしょう　にりんしょう　なも　にりんしょう
　　　　りんしょう　りんしょう　さんりんしょう　なも　さんりんしょう
　　　　りんしょう　りんしょう　よんりんしょう　なも　よんりんしょう
　　　　りんしょう　りんしょう　ごりんしょう　なも　ごりんしょう　これあがり！

★ p.62　じゅうごやのおつきさんな　まつのかげ　まつからさされて　ささのかげ　ささよーい
　　　　あずきささ　めささ　とったがりっかんしょ

★ p.78　ツル　ツル　カギニナレ　サオニナレ　タイコロバチノ　フタニナレ

「ワ」

▲ p.64　とんび　とんび　わをまわせ　とんびわ　しなのの　かねたたき　いちにちたたいて　こめさんご

○ p.30　わらび　ぜんまい　なんでこしゃかがんだ　やまにおされて　こしゃかがんだ

☆ p.52　うけとったや　うけとった　さんごのさかずき　うけとった　これからどなたへ　わたしましょ？　かわいいあなたへ　わたしましょう

☆ p.57　ワルイネズミハイナイカ？　イナイヨイナイヨ　イタズタネズミハイナイカ？　イルナラトッテミロ！　よくかくれろ　しろねずみ　あとから　ちょろちょろ　めっかるぞ！

「ン」

◆ p.89　バッタン　バッタン　バッタンサン　オコメハイクツ　ツケマシタ　バッタン　バッタン　バッタンサン　ハタハタナンタン　オレマシタ？

■ p.38　ハナチャン　リンゴヲ　タベタイノ　デコチャン

■ p.52　まがんこ　まがんこ　まがんこが　なっちょるきゃ

■ p.78　たけんこがはえた　たけんこがはえた　ぶらんこ　ぶらんこ　さるがえり

■ p.65　ばくさん　ばくさん　うしとうんまとかえまいか　はい　どう　どう
　　　　ばくさん　ばくさん　うんまとうしとかえまいか　はい　もう　もう

▲ p.33　だいこん　かぶらの　にんじんの　ほい

▲ p.48　しゃんしゃんしゃん　おしゃしゃのしゃん　おしゃしゃのきつねさん

▲ p.84　あんまんだぶり　こだぶり　あまのかわ　すっとんとん

★ p.56　やまの　やまの　おっこんさん　あそびにいかないかい？「まだ　ねむった」『あんまり　あんまり　ねぼうだね』やまの　やまの　おっこんさん　あそびにいかないかい？「いま　ままくった」『あんまり　あんまり　おかかだね』やまの　やまの　おっこんさん　あそびにいかないかい？「いま　べにつけた」『あんまり　あんまり　おしゃれだね』やまの　やまの　おっこんさん　あそびにいかないかい？「いま　いくところ！」

「ツ」

■ p.61　カッテコ　カッテコ　ナンマンダ　ヨウソノボウサン　シリキッタ！

■ p.73　いたちごっこ　ねずみごっこ

第4章　遊びの中でのことばの支援　129

■ p.91 せっくんぼ せっくんぼ なかんやつぁ せだせ せっくんぼ せっくんぼ おされてなくな

■ p.44 シッタラシッタラ アワワ キャーグリキャーグリ トットノメ チーチポ チーチポ チーチーポ アタマテンテン ハラポンポン ガッテンガッテンガッテンコ

■ p.63 ギッコンバッコン ヨイショブネ オキハナミガタカイゾ！

■ p.57 キッコ バッコ ウスヒキ コメヒキ オナカガ ヘッタカ ヘッタカ ヘッタカ？

■ p.58 チュチュ コッコ トマレ チュチュ コッコ トマレ チュチュ コッコ トマレ トマラニャ トンデケー！

■ p.54 イッチクタッチク タエモンサン タエモハイクラデゴウワンス？ イッセンゴリンデゴウワンス モウチット モウチット スカラカ マカラカ スッテンドン！

◆ p.89 バッタン バッタン バッタンサン オコメハイクツ ツケマシタ バッタン バッタン バッタンサン ハタハタナンタン オレマシタ？

▲ p.47 いっぴきちゅう もとにかえって にひきちゅう にひきちゅう もとにかえって さんびきちゅう さんびきちゅう もとにかえって いっぴきちゅう

▲ p.54 ドッチンカッチン カジヤノコ ハダカデトビダス フロヤノコ

▲ p.76 いっせんどうかはおもたいな てくてくくらべのおうげさよ ちゅうとん！

▲ p.82 ギッコン バッコン ヨイショブネ オキハナミガ タカイゾ！

★ p.49 たけのこめだした はなさきゃひらいた はさみでちょんぎるぞ えっさ えっさ えっさっ さ

■いっしょにあそぼうわらべうた０・１・２歳児クラス編　　コダーイ芸術教育研究所／著
▲いっしょにあそぼうわらべうた３・４歳児クラス編　　　　コダーイ芸術教育研究所／著
★いっしょにあそぼうわらべうた５歳児クラス編　　　　　　コダーイ芸術教育研究所／著
◆わらべうたわたしたちの音楽 —保育園・幼稚園の実践—
○幼稚園・保育園のわらべうたあそび　春夏　　　　畑玲子 知念直美 大倉美代子／著
△幼稚園・保育園のわらべうたあそび　秋冬　　　　畑玲子 知念直美 大倉美代子／著

（以上　明治図書）

□わらべうたによるソルフェージュ　おんがく１　コダーイ芸術教育研究所／編　全音楽譜出版社
☆わらべうたによるソルフェージュ　おんがく２　コダーイ芸術教育研究所／編　全音楽譜出版社

映像で見る０・１・２歳のふれあいうたあそびうた　汐見稔彦／監修　株式会社エイデル研究所

「わらべうたは聞くことから」

（神野和美：コダーイ研究家）

　「わらべうたを歌う！」と言うより、それ以前に「聞く！」という行為からすでに語学の習得は始まっていると思われます。その時に必要なことは、理論的に正しいことばや発音より、乳児の信頼おける近い存在（つまり母親など）から受ける愛情ある音やことばであるということであり、それがまずはとても大事な出発点だと思います。

　子育て支援などの親子講座で、忙しいお母さまたちによく声かけするのが「正しく覚えられなくてもいいので、自分が気に入ったうたを最初の一節でもいいので何度も語ってあげてくださいね」ということです。子どもは愛着のある大人からの優しい声かけに「ことばは心地よいものだ」と受け取ります。その心地よさが、のちに実際ことばを発するときの力（要求や好奇心）となり習得に弾みがつくと思います。なので、生まれたすぐから、心地よいことばや音のシャワーということで、短くて覚えやすいわらべうたからなのです。

　ある園に私たちが「わらべ歌」と考える「音域が２、３個で単純な繰り返しのもの」を提案したところ、その次の時に「これまで歌遊びを楽しんで身体を動かしても口ずさまなかった子どもたちが、繰り返しを返してくれるようになった」と報告されました。

　これは、わらべうたの要素にある次の３つのことが子どもの成長に一番叶っているからだと思われます。
①子どもに合った音域（音）
②日本でずっと使われてきたことばの言い回しや語呂（ことば）
③身体発達に合った動き（踊り）。

　この３つの要素は成人してからでは望んでも取得できない、元から人の体の中にある要素だと思います。ある作家が日本語は母語なのでこれは精神を表すが、それ以降の言語（英語などの第二外国語）は生きるためのツールつまり道具であるとも言っていました。母国

語を身体ごと楽しむわらべ歌の文化を、子どもたちと共にこれからも伝えていってほしいと願います。

おわりに

　子どもたちのことばの世界に拡がりがなくなったことを感じたのは、小学生を中心にした活動の時間でした。遊びに誘っても「無理」「ありえん」の二言で全て退けられ、友だち同士では「死ね」「殺す」などのことばが飛び交う学校現場に目が点になった方々も少なくないのではないでしょうか？

　また、1歳半健診での発語数が年々減っていることは、健診担当者の間ではどこでも問題になっていましたし、検診を待つ親子の会話（親からの話しかけ）の少ないこと、ケータイを見つめる時間の方が子どもと目を合わせる時間よりはるかに長い親たちの姿も、子どもの育ちへの影響を感じさせるものでした。

　その結果、ことばにつまずきが見られ、何らかの支援が必要な子どもが増加の一途をたどっています。一方、どの自治体でも、「ことばの教室」は満杯でなかなか予約が取れないだけでなく、セラピーの回数も月に1～2回と、とてもことばの発達を促進できるとは思えない回数しか確保できない状況が続いています。

　そんな中、日常の保育でのわずかな工夫によって子どもたちの発語や発音が改善される可能性があるにもかかわらず、ことばに関する保育計画が保育者養成の中でほとんど充分に取りあげられていない現状も見えてきました。NPO法人子どもと保育研究所ぷろほでは、保育に関わる方々が子どものことばの発達を日常の中で正しく把握し、それに基づいて保育の工夫を実践できる指針が必要であるとの認識から、言語保育セラピスト資格とそのための牧野・山田式言語保育発達検査、そしてそこから保育を展開するためのテキスト（本書）を一括して作成することになりました。これらが、子どものことばの発達のみならず、子どもたちの日常を豊かに楽しくするための一助となってくれればと願いします。

　保育者はここにあげた他にもいろいろな「ことば遊び」を知っておいて、子どもに合わせて日常の保育に導入してください。子どもと楽しく話をしたり、遊んだりするための内容をいつも考えておきましょう。

　また、お話や遊びをより豊かに体験するためには、自然や直接体験も重要です。できるだけ本物に触れる感動や驚きを保育の中に取り入れましょう。また祖父母や保護者が家庭でも一緒に遊んでくれるように、保護者自身が幼いときに覚えた遊びを思い出す活動を、

保護者会などにとりいれることは有効です。

　最後に、ことば遊びを行うときに忘れてはならない留意点をいくつかあげておきましょう。
① 　子どもが飽きるほど長い時間は実施しないでください。楽しいうちに終わることが次への期待を膨らませます。
② 　遊びは、あくまでも子どもが楽しんで（喜んで）やることに合わせて行うこと。まず専門家である保育者が子どもが好きな遊びを発見して、家族にも伝えて遊んでもらいましょう。
④ 　この遊びをやればことばが出るとか吃音がよくなるという表面的な技術としてではなく、「たのしく遊ぶことが全てのベース」と考えて行ってください。

　ことばは生活の一部であって全てではありません。ことばにつまずいているからと言って劣っているわけではなく、本書はよりスムーズに生きることを手伝うためにあるのです。子どもはことばを覚えるために生きているのではなく、楽しく生きるために生まれてきているのです。楽しく豊かな日常を作り出すことを基盤にすることを忘れないでください。理解と繋いでこそことばは生きてくるのでしょう。実際の体験が言語と繋がったときにそれは記憶になり、発語に結びつくのです。そのような豊かな活動を積み重ねてゆくことが保育の中ではできるのです。

　保護者は訓練ではなくコミュニケーションを大事にしてください。訓練をしようとするとうまくいかなければ行かないで焦るし、うまくいけば行ったでまた欲が出る。それが親の心情です。できないことをできるようにするより、今できるものをもっとできるようにすることで、ことばを使うことを楽しくすること、――ことばができるようにするのではなく、ことばができる準備となる体験や楽しさを保障する――、それが言語保育セラピストの役割だと思います。喜びに繋がる体験を見つけることでことばを促す専門家といえるでしょう。
　私たちは、絵カードでことばを増やすことはしません。語彙は『関係』で増えるのです。好きな人が増えること、会話したい人が増えることがことばを増やすためには一番大切なことです。

逆説的になるかもしれませんが、ことば以外のこと（表情や仕草・意気込み）で子どもが伝えようとしていることを懸命に受けとめようとすることが、子どもが伝えようとする気持ちを支えます。さらに、ことばの裏にある体験や事実に目を向け続ける姿勢を持つことも、子どもと世界を共有することを助けます。「ことば」とはその「音声としてのことば」から、「体験事実としてのことば」に深めてゆくことです。

　保育の中での大人との関係作り友だちとの集団作りが、理解を高めことばを促すことに繋がることを、再度確認しておきましょう。
　豊かな体験と生きたことばが子どもたちの日常に溢れることを祈念して、本書を子どもと保育に関わる全ての方にお届けします。

2013年3月11日（東日本大震災3回忌の日に上梓）

NPO法人 子どもと保育研究所　ぷろほ
牧野　桂一
山田　眞理子

【筆者紹介】

牧野 桂一（まきの　けいいち）
東亜大学客員教授、大分こども発達支援研究所所長。
大分大学教育学部教育学科卒業後、1970年より、大分県内の公立小学校・養護学校、及び大分大学附属養護学校勤務の後、大分県教育センター主幹研究員、研究部長へ、この間言語治療教室相談員兼任。その後、大分市立稙田小学校教頭、大分県教育庁学校教育課参事、学校週5日制推進室長、特別支援教育推進室長、大分県立臼杵養護学校長、大分県立新生養護学校長を経て現職へ。
社会福祉法人藤本愛育会理事、大分こども発達支援センター療育アドバイザーなどを歴任。
1997年、心身障害児教育財団より「辻村奨励賞」受賞。
学校心理士、発達相談研究会認定保育言語士、大谷保育協会認定保育心理士。
著書：『障害児教育への出発（共著）』（明治図書）『受けとめる保育』（エイデル研究所）等

山田 眞理子（やまだ　まりこ）
NPO法人子どもと保育研究所ぷろほ　理事長。
九州大谷短期大学　名誉教授。
京都大学大学院　教育学研究科　修士・博士課程修了。
河合隼雄先生に師事して臨床心理学・箱庭療法を学び、九州大谷短期大学幼児教育学科で教鞭をとる傍ら、2000年保育心理士資格を立ち上げ、その認定と養成に全国をまわる。還暦を機に大学教授の職を辞し、保育現場で心のケアができる保育者養成と保育者養成にかかわる大学教員養成のための学びの場として「子どもと保育研究所ぷろほ」を立ち上げる。
著書：『機微を見つめる』『子ども・こころ・育ち』『抱っこしてもいいの？』『保育と心理の架け橋』『ドラマという名の冒険』絵本『ぼくのいもうとひろこちゃん』など。

編集協力　大屋省子・伊藤ちはる・桐原奈保子・志満慈子・福江國孝・松隈美代子・脇元美穂

イラスト　西山真唯子・渡邉福・南比呂志

ことばが育つ保育支援 ―牧野・山田式言語保育発達検査の活用
2013年4月25日　初刷発行
2019年7月25日　2刷発行

著　者	牧野桂一　山田眞理子
発行者	大塚孝喜
印刷・製本	シナノ印刷株式会社
発行所	株式会社エイデル研究所

102-0073　東京都千代田区九段北4-1-9
TEL.03-3234-4641 FAX.03-3234-4644
ISBN978-4-87168-525-2　C3037　　©Keiichi Makino & Mariko Yamada　Printed in Japan

はじめに

　消費者庁の支援を受けてスタートした神戸コンシューマー・スクールにおいて、平成25年度のゼミを担当した際、サービス付き高齢者向け住宅（サ高住と略す）を題材に、消費者保護の観点から、利用者のためのチェックリストを作成した。しかし、法律の専門家が関わると、多様なリスクを考えすぎてしまうため、チェック項目が多くなりすぎ、相談窓口などでは使い難いとの批判を受けてしまった。

　そこで、平成26年度は、スクール修了生の有志と自主研究会を開催し、よりシンプルで使いやすいチェックリストの作成を目指すことになった。まずは研究会メンバーが、神戸市にある多様なサ高住を実際に見学し、その体験を通して、チェック項目を絞り込んでいった。その結果、サ高住に入居を希望する高齢者本人用（バッグに入れやすいB5サイズ）、見学に付き添う家族等用（パンフなどと同じA4サイズ）の2種類が提案され、女性ならではの細かい配慮に感心させられた。

　こうしてできあがったチェックリストは、より広く社会的に活用されるべきであるとの思いから、手ごろな値段のブックレットとして世に送り出したいと考えた。出版を快諾してくださった神戸市および信山社には、心から感謝している。

　平成27年7月27日

監修者・本澤巳代子

目　次

はじめに ……………………………………………… 1
この本の使い方 ……………………………………… 3
サ高住って何？ ……………………………………… 4
　　サ高住の特徴はどんなところにあるの？ ……… 5
　　サ高住に住むとどんな暮らしになるの？ ……… 6
　　サ高住の探し方スケジュール …………………… 7
チェックリストの活用 ……………………………… 8
　　チェックリストの特徴 …………………………… 9
　　チェックリスト　生活 …………………………… 10
　　チェックリスト　医療 …………………………… 12
　　チェックリスト　介護 …………………………… 14
　　チェックリスト　お金 …………………………… 16
３つのモデルケース ………………………………… 18
　　Aさんのケース …………………………………… 21
　　Bさんのケース …………………………………… 28
　　Cさんのケース …………………………………… 35
まとめ ………………………………………………… 42
サ高住Ｑ＆Ａ ………………………………………… 44
参考文献 ……………………………………………… 53

この本の使い方

・はじめのページから順に読み進んでも、必要なところから読み始めてもどちらでも OK です。
・詳しい説明を知りたい時は、巻末のＱ＆Ａを参照ください。各ページの欄外に「→ Q1（P44）」と案内しています。
・３つのモデルケース（一人暮らし、夫婦、親の呼び寄せ）を記載しています。ご自身に近い状況を参考にしてください。
・チェックリストについて
①４項目の右側ページにそれぞれの解説を記載しています。
②見学したサ高住のチェックリスト記入例を掲載しています。
③チェックリストは、「サ高住情報パンフレット」の中にあります。神戸市ホームページからダウンロードできますので、下記のアドレスにアクセスして必要部数を印刷してください。

http://www.city.kobe.lg.jp/life/livelihood/lifestyle/kcs/kenkyukai.html

＊サ高住情報パンフレット

本人家族用 A5 サイズ 4 ページ　　支援者家族用 A4 サイズ 2 ページ

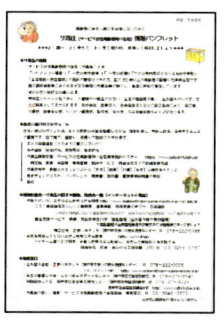

●サ高住（*Q1 サービス付き高齢者向け住宅）って何？●

→ Q1
(P44)

　日常生活や介護に不安を抱く高齢者が、住み慣れた地域で安心して暮らし続けることができるように、2011年に創設された*Q2 高齢者向けの新しい集合住宅です。

→ Q2
(P44)

国土交通省 HP より

　加齢により心身が衰えても、安心して住むことができるように住まいの構造や設備と、生活を支援するサービスについて、満たすべき*Q3 登録要件が法で定められています。法が定める以外のサービス（食事・介護・家事支援）の提供や、介護サービス事業所の併設などさまざまな形態のサ高住があります。

→ Q3
(P45)

　*Q4 有料老人ホームに比べ、「一時金が少ない」「住み替えやすい」「生活の自由度が高い」と言われています。

→ Q4
(P45)

　自由かつ安心な住まいとしてのイメージ戦略と国の補助制度により、さまざまな事業者が参入して、*Q5 サ高住は急速に普及しています。

→ Q5
(P45)

サ高住の特徴はどんなところにあるの？

　サ高住は、従来の高齢者専用賃貸住宅と住宅型有料老人ホームを統合した、新しい高齢者の住まいです。元の契約方式を引き継ぐ形で、一般賃貸借と終身賃貸借、利用権の３種類の方式があります。契約方式とともにその運営理念もサ高住によって異なります。

　株式会社と有限会社が事業主体の約７割を占め、事業種別で見ると、介護サービス関連が約５割、医療関連が約２割、不動産建築業関連が１割強となっています。制度改正や社会環境の変化などに伴う運営リスクによって、経営破綻や入居者へのサービス低下を招く可能性もゼロではありません。

　サ高住のサービスや経営方針は、今までの高齢者住宅以上に多種多様なので、私たちは慎重に選ぶことが必要です。

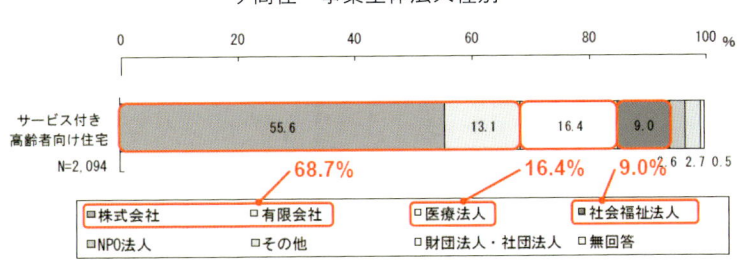

サ高住　事業主体法人種別

株式会社	有限会社	医療法人	社会福祉法人	NPO法人	その他	財団法人・社団法人	無回答
55.6	13.1	16.4	9.0	—	6	2.7	0.5

68.7%　16.4%　9.0%

N=2,094

出典：国土交通省HPより
平成26年厚生労働省度老人保健事業推進費等補助金（老人保健健康増進事業分）
「高齢者向け住まいが果たしている 機能役割等に関する実態調査」
（株式会社野村総合研究所）

サ高住に住むとどんな暮らしになるの？

　サ高住の部屋の大きさは、主に自立の方を対象とした約25㎡と、主に要介護の方を対象とした約18㎡の2つのタイプが主流です。

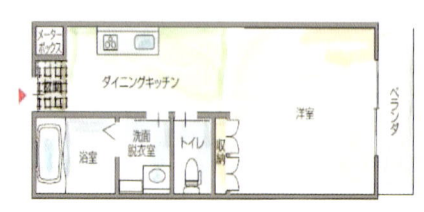

主に自立の方が入居するタイプは、マンションのように独立して暮らせる住まいです。居住者同士が交流できるスペースや食堂を備えているところもあります。

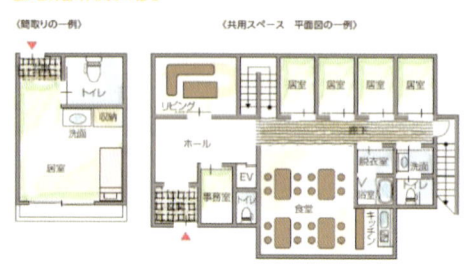

介護が必要な方が入居するタイプは、自室には洗面台とトイレだけ備え、台所や浴室、リビングは共同利用するところがほとんどです。

　上記の2つのタイプ以外にも、2人で入居できるタイプや高級有料老人ホームに匹敵する、60㎡を超える部屋の広さを持つサ高住もあります。

（図の出典：東京都保健福祉財団リーフレット）

サ高住の探し方スケジュール

さまざまなサ高住から、安心して暮らせる住まいを探すためには、よく調べ、よく考えて、よく見て確かめることが大切です。

①希望する暮らし方を考える

　自分の現在の状況や今後の状況を考えて、大切にしたいこと、注意が必要なこと、確認したいことをまとめます。

②＊Q6 情報収集する　　　　　　　　　　　　　　→ **Q6** (P46)

　図書、雑誌、インターネット、ケアマネージャー、医師、看護師、地域包括支援センター、役所などから情報を得ます。

③＊Q7 見学に行く　　　　　　　　　　　　　　→ **Q7** (P47)

　得た情報を元に絞り込んだ候補を、自分の目で確かめます。チェックリストを持参し、できれば2人以上で見学します。

④検討する

　見学結果を整理して、自分の希望する暮らしが実現できるか、＊Q8 住み替えのタイミングも含めて、信頼できる人と話し合って検討します。　　　　　　　　　　　　　→ **Q8** (P47)

検討しても決められない時は、もう一度元に戻って考えてみましょう。①に戻って希望することを考え直す？ ②に戻って情報収集先を広げる？　③に戻って別のサ高住を見学する？ 安心して暮らせる住まいを選ぶために、納得できるまでじっくり検討しましょう。

●チェックリストの活用●

　高齢期の住まいは、「*Q9 終の棲家」になるかもしれませんので、安心して暮らせるか慎重に選びたいものです。高齢になってからの住み替えは、思いのほか手間や費用、体力も必要になってきます。効率よく、自分に合った住まいを探すために、私たちは「サ高住情報パンフレット」を作成しました。

→ **Q9**
(P47)

　その中のチェックリストをサ高住見学時に持参して書き込むと、サ高住の情報を詳しくチェックできると同時に、自分の希望する項目がわかります。必要な情報をもれなく短時間で聞き取るために、チェックリストをご活用ください。（p3参照）

※ちょこっと情報

　「サ高住パンフレット」とは、サ高住に関する情報をコンパクトにまとめたパンフレットです。インターネットをあまり使用しない高齢者を対象とした「本人用」と、インターネットを使用する家族やケアマネージャーなどの支援者を対象とした「家族・支援者用」の2種類があります。

8　チェックリストの活用

チェックリストの特徴

・「生活」「医療」「介護」「お金」の４項目に分類
（一番多くチェックした項目は自分が大切にしている分野です）
・高齢者にやさしい大きな文字
（老眼鏡なしでも楽に読めて書けます）
・書き込みできる広い行間
（項目以外のことも行間にたくさん書けます）
・少ない質問項目とわかりやすい言葉
（見学時間は案外短いので要領よく聞くことが大切です）
・優しい手書きイラスト
（イラストに癒されて穏やかな気持ちで見学できます）
・計算しやすい「お金」の一覧表
（具体的な費用を計算してマネープランを立てましょう）

それではチェックリストの各項目を見ていきましょう

チェックリスト　生活

```
チェックリスト　　施設名_____　見学日　年　月　日

生活　＊自分らしい生活を続けたい＊

◆食事　　○調理場所…[建物内ですべて調理 ／ 外部業者が調理したものを温め]
　　　　　○症状に合わせた料理…[糖尿病食 ／ きざみ食 ／ その他（　　　）]
◆楽しみ　○レクリエーションやイベント…（　　　　　　　　　　　）
　　　　　○持込許可…[ペット ／ タバコ ／ 酒 ／ 家具や仏壇 ／ その他（　　）]
◆環境　　○立地…[都市型 ／ 郊外型] 最寄駅（　　）まで【　】分（徒歩・バス）
　　　　　○周りの環境…[静か／ふつう／うるさい] 店舗 [無／有] その他（　　）
◆施設　　○経営者…[株式会社 ／ 社会福祉法人 ／ 医療法人 ／ その他（　　）]
　　　　　○入居者…入居者数【　　】人、平均年齢【　　】才、平均介護度【　　】
　　　　　○退去者…【　　】人／年、主な退去理由（　　　　　　　　　　）
◆安否確認　○方法…[食事のとき ／ 部屋に訪問 ／ その他（　　　　）]
```

＊ちょこっと情報

　2015年の介護保険制度改正で、＊Q10 地域包括支援センターに、ケアマネージャー、社会福祉士、保健師に加えて、地域支えあい推進員（生活支援コーディネーター）が新たに配置されます。サ高住入居者への巡回訪問などが期待できます。

→ **Q10**（P47）

生活の項目…自分らしい生活を続けたい

　サ高住に住み替える目的は、自分らしく暮らすことです。一人ではできないことは手伝ってもらいつつ、自分らしい生活が続けられるかどうか確認します。

　食事は体調に合わせたものを用意してくれるのか、どこでだれが調理するのか確かめます。たばこやお酒などの嗜好品から趣味の継続、テレビが好きな方は、お気に入りの番組を視聴できるかチェックします。その他、サ高住が実施するイベントなども、考慮します。ペットの問題も重要です。どの種類ならば飼うことができるか聞いてみましょう。

　立地や最寄り駅までの時間、周りの環境も住み続けるには大切なポイントです。また、どのような事業者が経営して、どのような人が入居しているか、退去者の具体的な理由を聞くことで、経営方針がわかります。

　サ高住には、安心入居に欠かせない安否確認が義務付けられていますが、その方法はさまざまです。安否確認は、いつ、だれが、どのようにするのか確認します。

　サ高住は共同生活が前提になりますので、自分の希望をすべてかなえることは難しいかもしれません。希望の優先順位やこだわりポイントをしっかりと検討しましょう。

チェックリスト　医療

医療　＊病気のときも安心して暮らしたい＊

◆提携クリニック　［なし　／　あり（往診できる　・　訪問看護できる）］
◆看取り　　　　　［経験なし　／　経験あり（部屋で　・　病院で　・　その他　　）］
◆服薬管理　　　　［できない　／　できる（薬剤師　・　その他　（　　　　））］
◆夜間の緊急対応　［建物内に職員が24時間常駐　／　外部に連絡］

＊ちょこっと情報

・医療保険で利用できるサービス

　訪問診療…通院が困難な方の自宅に、医師が定期的に訪問して診療や健康管理を行い、緊急時には24時間体制で対応します。

　訪問歯科診療（口腔ケア）…通院が困難な方の自宅に、歯科医師または歯科衛生士が定期的に訪問して、診療や健康管理を行います。

・介護保険で利用できるサービス

　訪問看護…自宅に看護師が訪問して療養指導などを行います。

・高額医療・高額介護合算療養費制度

　1年間にかかった医療保険と介護保険の自己負担の合算額が、世帯収入によって定められた上限額を超えたときに、その超えた額の払い戻しが受けられます。

医療の項目…病気の時も安心して暮らしたい

　ここでは、病気になった時や持病の継続治療に必要な医療について詳しく尋ねます。提携しているクリニックや病院があれば、その診療科目や診療時間を確認します。近くに歯科（訪問治療や口腔ケアの有無）やリハビリができる施設があるか、病院までの送迎のつき添いがあるかなど、自分が利用したいことを確認します。

　看取りの経験があるサ高住には、どのような看取りを行ったのか、具体的に聞いてみましょう。経験がない場合は、医療機関の紹介のみか、同行するのか、居室で終末ケアを実施するのか、看取りが必要な状態になっても住み続けることができるのか確かめると安心です。聞きづらいことですが「終の棲家」には大切なポイントです。

　薬を自己管理できないと、飲み過ぎ・飲み間違いなどの事故を起こす恐れがあります。持病のある方は特に要チェックです。服薬管理は誰が行うのか、有料かどうかも確かめましょう。

　夜の緊急通報について、その通報に応じて誰がどのように対応するのか、夜間の職員体制も聞いておきましょう。

チェックリスト　介護

介護　＊介護が必要でも住み続けたい＊

◆入居の条件　要介護度（1・2・3・4・5）、認知度（　　　）、健康状態（　　　）
◆退去の要件　要介護度（1・2・3・4・5）、認知度（　　　）、健康状態（　　　）
　　　　　　　住み続けられない迷惑行為の具体例（　　　　　　　）
◆ケアマネージャー[選べない／選べる]　◆介護事業所[建物内／外部]

＊ちょこっと情報

・要介護認定とは

　介護が必要な状態になった時に、介護サービスの必要度に応じて、要支援1から要介護5の認定を受けます。詳しい問い合わせは、お住まいの地域の介護保険課まで。

・サ高住で利用できる介護保険サービスの種類

　　　訪問介護…自宅に訪問して身体介護や生活援助を行います
　　　通所介護…事業所に通って入浴や食事、機能訓練などの支
　　　　　　　　援を受けます
　　　訪問リハ…自宅に訪問してリハビリなどを行います
　　　通所リハ…施設に通ってリハビリなどを受けます
　　　小規模多機能…訪問・通所・泊まりが1か所で利用できます
　　　夜間巡回随時対応…重度の介護が必要な方に、日中・夜間を通じて巡回し、訪問介護と看護を随時対応します

介護の項目……介護が必要でも住み続けたい

　サ高住に安心して住み続けるには、介護の項目はとても大切です。共同生活を前提とするサ高住は、それぞれ独自の条件を設定しています。

入居の条件

　現在の要介護度や*Q11 認知度（認知症の程度）、持病などの健康状態によっては、入居が認められないサ高住があります。要介護度による条件はあるのか、認知症の程度はどのくらいまでなら OK なのか、どのような健康状態なら入居できるのか確認します。　　　→ Q11 (P48)

退去の要件

　共同生活が難しくなると、退去を要請される場合があります。その判断基準はサ高住によって異なりますので、入居時と同様に要介護度、認知度、健康状態を確認します。そして、*Q12 退去を要請する迷惑行為について、具体的に聞きましょう。今まで退去を要請したことがあれば、その時の状況を確認します。　→ Q12 (P48)

ケアマネージャーと介護事業所

　住まいを変わっても、今までのなじみの関係はできれば継続したいものです。ケアマネージャーや介護事業所は、原則として入居者が自由に選択できるものですから、特定の事業所の利用を強制するものではありません。*Q13 介護サービスを利用したい場合は、介護事業所の場所やその内容について詳しく聞きます。　→ Q13 (P48)

チェックリスト　お金

```
お金（契約）　＊負担できる範囲で暮らしたい＊
```

【入居するときの費用】
- 敷金　＿＿＿＿＿円
- 電化製品　＿＿＿＿＿円
- カーテン・家具　＿＿＿＿＿円
- 合計　＿＿＿＿＿円

【毎月の費用】
- 家賃　＿＿＿＿＿円
- 共益管理費　＿＿＿＿＿円
- 生活支援サービス費　＿＿＿＿＿円
- 水道・電気代　＿＿＿＿＿円
- その他有料サービス費　＿＿＿＿＿円
- 介護保険自己負担金　＿＿＿＿＿円
- 合計　＿＿＿＿＿円

◆支払い方法　［口座引き落とし／その他］

◆料金の変更　［なし／あり］

◆入院しているときも支払う費用
　　家賃 ・ 共益管理費 ・ 生活支援サービス費 ・ 水道・電気代

◆保証人　必要人数【　】名、いないとき…保証会社 ・ 別途保証金 ・ 任意後見契約

◆身元引受人　【　】名　　◆緊急連絡先　【　】名

＊ちょこっと情報

　保証人は経済的な保証（家賃の支払いなど）を、身元引受人は緊急時の判断（病気や事故など）や遺体や遺品の引き取りの対応を求められます。多くは家族や知人に依頼しますが、＊Q14 依頼できる方がいない場合、ほかの方法（保証会社・保証金、＊Q15 任意後見契約）を求められる場合があります。

→ Q14 (P49)

→ Q15 (P49)

16　チェックリストの活用

お金の項目……*Q16 負担できる範囲で暮らしたい　　　→ Q16 (P49)

　サ高住の入居に必要な費用の総額を概算しましょう。
①入居時に支払うもの、②毎月定額を支払うもの、③利用に応じて支払う有料サービス（食事代、生活を支援する費用、イベント費用など）が必要です。
①入居時には、敷金のほかに新しい部屋に必要な家具や電化製品を購入する費用も考えます。
②毎月定額を支払うものは、家賃、共益管理費、生活支援サービス費です。共益管理費は、水道・光熱費を含む場合や共用スペースが多いと高くなります。生活支援サービス費とは、安否確認と生活相談の費用です。
③有料サービスのうち食事代は大きな費用です。予約やキャンセル方法を確認します。また、ゴミ捨て・掃除・洗濯などのサービスは、有料・無料を含めサ高住により異なります。*Q17 介護費用は、現在自宅で受けている介護サービスがあれば、その自己負担金額を記入します。　　　→ Q17 (P50)

　入院した場合、一方的に退去させられることはありませんが、家賃などの費用が発生し、入院医療費と合わせると負担が大きくなる場合もあります。物価の上昇や経営者の変更による*Q18 料金の変更もあり得ます。年金収入や金融資産などで支払えるように、余裕のある資金計画を立てましょう。　　　→ Q18 (P51)

チェックリストの活用　17

３つのモデルケース

　では、具体的にサ高住をどのように探していけばいいのでしょうか。３つの家族のケースを通して考えてみましょう。

　それぞれの現状、希望する暮らし方を考慮して、候補を３か所に絞り情報を収集します。そのうちの１か所にチェックリストを持参して見学、そして検討のための話し合いを行います。

Aさん
一人暮らしをエンジョイしているがちょっと不安も……

Bさん夫婦
今のマンションで夫の介護ができるのかしら……

Cさん親子
離れたところに一人で暮らす母の様子が心配……

候補に挙げたサ高住に関する情報の見方

分類

　サ高住の特徴をわかりやすく表す言葉で分類すると、検討するときに役立ちます。

　　都市型：駅の近くや町の中心部に立地。働き続ける人、生活を楽しみたい人など行動派向け。

　　郊外型：静かな環境に立地。交通の便は良くありませんが、豊かな自然や静かな環境を好む人向け。

　　自立型：独立した生活ができる人を対象。生活を楽しむことや介護予防を主としたサービスを提供。

　　医療連携型：医療機関と隣接あるいは密接に連携して、介護だけではなく医療サービスを提供可能。

　　介護重視型：退院直後の重度要介護の人にも対応。24時間巡回サービスなどの手厚い介護サービスを提供。

　　生活重視型：プライベートを大切にしつつ、買い物ツアーや習い事などのイベントで、生活を楽しむための行事が豊富。

　　その他：積極的にリハビリを実施するリハビリ重視型、ホテル並みの設備やサービスを提供する高級老人ホーム型ほか

経営主体

　株式会社、医療法人、社会福祉法人、NPO法人など

立地

　最寄り駅やバス停からの所要時間

総戸数
　居室の数。食堂など共用部分は含みません

併設事業所（p14 参照）
　サ高住の建物の中にある介護事業所
　訪　問…訪問介護・訪問看護
　通　所…通所介護（デイサービス）・通所リハビリ（デイケア）
　居　宅…居宅介護支援事業所（ケアマネージャーが常駐）
　小規模…小規模多機能型
　定期巡回…定期巡回随時対応型

部屋の広さ
　　居室の大きさ（広さの目安 18㎡＝約 11 畳、25㎡＝約 15 畳）

敷　金
　部屋を借りる人が持ち主に預けておく保証金

毎月の費用
　家賃＋共益管理費＋生活支援サービス費の合計額。食事代は含みません

特　徴
　図書やパンフレット、インターネットから得た情報とともに、サ高住を見学したことのある人から聞いた情報を加えて、立地やサービス内容などをまとめています

考　察
　上記の情報を総合的に判断して、自分の希望とより近い 1 か所を見学先として選びます

Aさんのケース

女性・68歳・一人暮らし・自宅マンション（2LDK）

現　状

　同じマンションの高齢者が孤独死したことをきっかけに、一人暮らしを続けることに不安をいだくようになりました。婚姻歴はなく、65歳で定年退職。趣味は山歩きで、友人たちとハイキング旅行や食べ歩きを楽しんでいます。現在の収入は、毎月20万円の年金です。貯蓄は800万円、自宅ローンは完済しています。持病もなく特に健康面の不安はありませんが、調理された物や外食が多くなりがちで、栄養のバランスが気になります。最近、終の棲家について考えだし、見守りサービスのあるサ高住に興味を持ちました。

①希望する暮らし方

　子どものころから街で育ち、学校・就職・仕事と都会で生活してきたので、都市圏の交通の便が良いところを希望しています。趣味の旅行も楽しみたいので、住まいにかかる費用は年金の範囲内で抑えたいと思います。

②情報収集

　　サ高住に住む知人
　　高齢期の住まいに関する図書
　　地域包括支援センターに訪問して相談

> 候補：Ａ－１　都市型　生活重視型
> 経営主体：株式会社　　立地：最寄り駅より徒歩2分
> 総戸数：80戸　併設事業所；なし
> 部屋の広さ：25㎡　敷金；なし
> 毎月の費用；130,000円～160,000円

特　徴

　市街地内の住宅街と商業地域の境目の地域に立地。幹線道路に面していますが、防音サッシを利用して、車の騒音は気になりません。経営は大手の介護事業者で、系列事業所が各地にあることから、入居者サービスについてノウハウと経験があります。大浴場や食堂があり、食事は外部の業者が担当しています。事前に食事を予約したのに本人が食堂に現れなかった場合は、居室を訪問して必ず安否確認をしています。各居室には、ゆったりしたバスルームと小さなキッチン（小型冷蔵庫付き）を設置。入居時に、照明やカーテンを自分で選ぶことができますが、退去時に原状回復が必要です。

考　察

　居室は南側の大きな窓が特徴。建物周辺地域が都市部で地下鉄の駅にも近く、あわせてコンビニや個人病院もあり、生活の自由度は高いと感じました。

> 候補：Ａ－２　都市型　生活重視型
> 経営主体：株式会社　立地：最寄り駅より徒歩10分
> 総戸数：40戸　併設事業所：居宅・通所
> 部屋の広さ：19〜30㎡
> 敷金；家賃の5か月分 300,000〜420,000円
> 毎月の費用：135,000円〜150,000円

特　徴

　交通の便の良い地域で、鉄鋼所や事務所ビルが隣接しています。建物は元オフィスビルで、外見的には高齢者向けの建物とはわかりません。居室の高い天井と大きな窓、各フロアの広い共用スペースが特徴です。地域での長年の実績がある介護事業者が運営しているので、入居者の多くは近隣に住んでいた人です。2階に通所リハビリ（デイケア）を開設し、昼間はケアマネージャーが常駐していますが、入居者の生活が建物内で完結しないように外部への通所も勧めています。季節の行事や地方の料理などで、生活に刺激を作るように工夫しています。

考　察

　交通の便が良いので、友人との外出や旅行に便利なことと、生活の自由度もかなり高い様子が気に入りました。また、建物内の通所リハビリ（デイケア）は、地域の高齢者も多く利用しています。リハビリ中心のメニューは、体力の維持に役立ちそうです。

> 候補：Ａ－３　都市型　医療連携型
> 経営主体：医療法　立地：最寄り駅より徒歩1分
> 総戸数：18戸　併設事業所：通所　部屋の広さ：19〜30㎡
> 敷金：家賃の5か月分 250,000円〜400,000円
> 毎月の費用：95,000円〜150,000円

特　徴

　都心の駅から徒歩1分、店舗や神社など下町情緒漂う賑やかな通りに面した、賃貸アパートを改築した建物。1階に食堂や事務所を設けています。プライバシーを尊重して外出や食事時間も自由なことから、入居者は電車やバスを利用して、買い物や習い事を楽しんでいます。近隣に住む家族がよく週末に訪問している様子。一方、隣接する病院の医師や看護師の巡回があり、介護スタッフも常駐して看取り経験も豊富です。食事は職員の手作り食が提供され、病院栄養士の管理下で療養食（糖尿病食など）も可能。毎月の費用は改築物件のため抑えられ、キャンセル待ちが出る人気物件です。

考　察

　駅に近い下町の地域密着型で、少人数の家庭的な雰囲気が気に入りました。生活の自由度が高く費用が安いことも高評価です。現在は医療の必要度は高くないのですが、将来的に医師の巡回があると安心なので、こちらを見学することにしました。

A-3　サ高住見学時に記入したチェックリスト

チェックリスト　施設名 A-3　　見学日　年　月　日

生活　＊自分らしい生活を続けたい＊

◆ 食事　○調理場所…[(建物内ですべて調理) / 外部業者が調理したものを温め]

　　　　○症状に合わせた料理…[(糖尿病食) / (きざみ食) / その他（　　　　）]

◆ 楽しみ　○レクリエーションやイベント…（医師の指示により医療食に対応）

　　　　○持込許可…[ペット / (タバコ) / (酒) / (家具や仏壇) / その他（　　）]
　　　　　　　　　　　　　　　　　　　　　ペットは応相談

◆ 環境　○立地…[(都市型) / 郊外型]　最寄駅 (地下鉄) まで [1] 分 (徒歩・バス)

　　　　○周りの環境…[静か / (ふつう) / うるさい]　店舗 [無 / (有)] その他（　）

◆ 施設　○経営者…[(株式会社) / 社会福祉法人 / 医療法人 / その他（　　）]

　　　　○入居者…入居者数 [20] 人、平均年齢 [80] 才、平均介護度 [？]

　　　　○退去者…[なし] 人／年、主な退去理由（　　　　　　　　）

◆ 安否確認　○方法…[食事のとき / (部屋に訪問) / その他（　　　　）]

医療　＊病気のときも安心して暮らしたい＊

◆ 提携クリニック　[なし / (あり)（(往診できる)・(訪問看護できる)）]

◆ 看取り　[経験なし / (経験あり)（(部屋で)・病院で・その他　　）]

◆ 服薬管理　[(できない) / できる（薬剤師・その他（　　　　））]
　　　　　　自己管理であるが、残数が少ない者に対応

◆ 夜間の緊急対応　[(建物内に職員が24時間常駐) / 外部に連絡]

メモ（住宅の特徴や職員の印象など感じたことを書きとめましょう。）

担当の女性は感じよく、責任者は経験も豊富。
医療関係のサポートはしっかりとしており安心感もあり。
居室そのものも高齢者アパートを利用しているので、プライバシーが守られる。

A-3　サ高住見学時に記入したチェックリスト

介護　＊介護が必要でも住み続けたい＊

◆ 入居の条件　要介護度（1・2・3・4・5）、認知度（ ? ）、健康状態（　　　）
◆ 退去の要件　要介護度（1・2・3・4・5）、認知度（ ? ）、健康状態（　　　）

介護度は入居の条件ではない

　　　　　住み続けられない迷惑行為の具体例（　　　　　　　）
◆ ケアマネージャー [選べない／<u>選べる</u>]　◆ 介護事業所 [建物内／外部]

お金（契約）　＊負担できる範囲で暮らしたい＊

入居するときの費用		毎月の費用	
敷金	250,000 円	家賃	50,000 円
電化製品	円	共益管理費	円
カーテン・家具	／ 円	生活支援サービス費	55,000 円
合計	250,000 円	水道・電気代	円
		その他有料サービス費	円
		介護保険自己負担金	円
		合計	105,000 円

◆ 支払い方法　*家具・家電を自分でもちこむ*
　　[口座引き落とし／その他]
◆ 料金の変更　[なし／あり] ?　*将来の経済状況はわからない。変更があるかもしれない。*
◆ 入院しているときも支払う費用
　　<u>家賃</u>　・　共益管理費　・　生活支援サービス費　・　水道・電気代
◆ 保証人　必要人数【 1 】名、いないとき…保証会社　・　別途保証金　・　<u>任意後見契約</u>
◆ 身元引受人　【 1 】名　　◆ 緊急連絡先　【 2 】名　*要相談*

26　3つのモデルケース

● 検討してみよう ●
Ａさんのケース
　見学した「候補Ａ－３」のサ高住について、親しい友人と地域包括支援センター職員の３人で話し合いました。
Ａさんの感想
　職員もとても親切で、家庭的なところが気に入りました。駅に近いので趣味で外出するときも便利です。手作りの食事も高評価です。しかし部屋が狭く、引越しするとなると、家具などの大幅な処分が必要です。
友達のアドバイス
　まだ十分に一人暮らしができるので、サ高住に引っ越しするのは早すぎるのでは。心配なら私が頻繁に電話をします。
地域包括支援センター職員のアドバイス
　今後とも自宅に住み続けるなら、手すりの取り付けなどの、簡単で費用のかからないバリアフリー工事を検討するのはいかがでしょうか。
検討結果
　今のマンションと比べるとかなり部屋が狭くなるのが不満です。また、今よりも月々の費用がかかることもわかりました。家庭内事故が不安ですが、簡単なリフォームで今のマンションに住み続けることができるように思いました。自分の体調をよく見極めて、サ高住の入居時期を決めたいと思います。今回のことは自分の老後を考える良い機会になりました。

Bさんのケース

要介護2の夫（82才）と妻（78才）の二人暮らし

現　状

　夫が定年退職し、子供たちが独立した後、夫婦二人暮らしです。夫は脳梗塞の後遺症で片足の麻痺と言語障害があり、糖尿病の薬も飲んでいます。現在の5階建てマンションはエレベーターがないので、杖での階段の上り下りがつらく外出が減っています。そのため、もともと体格の良い夫の体重がさらに増加し、入浴時に介助する妻の負担が増えています。妻は健康そうに見えますが、高血圧と腰痛の持病があり、買い物も近くのスーパーの配達を利用しています。遠方で暮らす子供は、親の体調を気にかけてくれます。同居の予定はありません。

①希望する暮らし

　体に負担がかからないバリアフリー化した暮らしやすい住まいに、2人で入居したい。夫は趣味のオーディオ機器を持ち込みたい。妻は、やめている習い事を復活したい。ペットの小鳥もつれていきたい。そして子どもや孫に会いに来てほしいと願っています。

②情報収集

　サ高住情報提供システム（子どもがインターネット検索）
　夫を担当しているケアマネージャーに相談

> 候補：B－1　自立型　都市型　医療連携型
> 経営主体：株式会社　立地：最寄り駅より徒歩10分
> 総戸数：12戸　併設事業所：訪問・通所
> 部屋の広さ：18～38㎡
> 敷金：家賃の3か月分 210,000円～270,000円
> 毎月の費用：110,000円～155,000円

特　徴

　新幹線停車駅より車で5分、交通量の多い道路に面していますが建物内は静かです。徒歩圏内に商店街や文化センターがあり、生活を楽しめます。全室南向きで、共用リビングや浴室も完備。IHヒーター、風呂、洗濯機置場が設置され、気軽に暮らせるワンルームマンションの雰囲気です。コンシェルジェサービス（外来者対応、宅配便受け取り、タクシー手配、室内の備品交換など）が生活支援サービス費に含まれています。隣接の介護事業所にスタッフが24時間365日常駐。在宅介護サービスとともに、医療機関との連携があるため随時入院が可能です。ペットの飼育は禁止です。

考　察

　大きな駅に近い立地は、遠方に暮らす家族にとって便利で、日帰り訪問も可能です。そのため毎月の支払いが少し高めになるのが気がかりです。家族同然に過ごしてきたペットの飼育ができないのは2人にとって辛いことです。

> 候補：B－2　医療連携型　介護重視型
> 経営主体：株式会社　立地：最寄り駅より徒歩10分
> 総戸数：50戸　併設事業所：訪問
> 部屋の広さ：18〜20㎡
> 敷金：なし　毎月の費用：98,000円

特　徴

　最寄り駅から急こう配の道を登った先に立地。坂道が多い住宅地のため、買い物できるところがほとんどありません。廊下や玄関は広く、ところどころに入居者の作品が飾られアットホームな雰囲気です。建物内に訪問看護ステーションを2か所設置して、看護師が日中3名、夜間1名常駐して24時間体制で生活をサポートしています。急病の時は、隣接する病院が対応するので安心です。他のホームで入居を断られた方（胃ろう、在宅酸素、透析、褥瘡、精神障害）も可能な限り受け入れています。

考　察

　健康面に不安があっても安心して暮らしたい、という夫の願いは叶いそうです。しかし、場所が小高い山の手地区で、建物前の道路が狭く周辺の道が混雑するので、友人が訪ねてくるには不便です。社交的な妻は、閉塞感があるのではと心配になりました。

> 候補：B－3　郊外型　生活重視型
> 経営主体：社会福祉法人　立地：最寄り駅より徒歩8分
> 総戸数：60戸　併設事業所：通所
> 部屋の広さ：18～37㎡
> 敷金：家賃の3か月分 150,000円～270,000円
> 毎月の費用：80,000円～135,000円

特　徴

　都心から離れた場所にあるので、市内の物件と比べると家賃が安く設定されているのが魅力です。開放感のあるエントランスや、各フロアに談話スペースがあり、ゆったりとした印象。2人部屋は広く、ミニキッチンや備え付け家具があります。1階のデイサービスでカラオケができ、お洒落なカフェも併設。料理講習会などのイベントが入居者に好評です。各部屋のベッドに設置した内臓センサーで、入居者がベッドにいないことや眠りの状態を管理できるので安心です。

考　察

　パンフレットを見ると、新築の割に敷金が安く、経験豊富な事業者であることも安心です。今の住まいからも近く、併設のカフェに友人を呼べそうなので、寂しい思いをしなくても良い気がします。建物内の多目的ホールで、時々クラシックのコンサートがあり、音楽好きの夫が喜びそうです。

　こちらを見学することにしました。

B-3　サ高住見学時に記入したチェックリスト

チェックリスト　施設名　B-3　　見学日　年　月　日

生活　＊自分らしい生活を続けたい＊

◆**食事**　○調理場所…[（建物内ですべて調理） / 外部業者が調理したものを温め]

　　　　　○症状に合わせた料理…[（糖尿病食） / きざみ食 / その他（　　　　　）]
　　　　　　追加料金なし。

◆**楽しみ**　○レクリエーションやイベント…（音楽会、調理実習、カラオケ）
　　　　　　　　　　　　　　　　　　　　　　カフェあり

　　　　　○持込許可…[（ペット） / タバコ / （酒） / （家具や仏壇） / その他（家電）]

◆**環境**　○立地…[都市型 / （郊外型）　最寄駅（　　）まで【8】分　（徒歩）・バス]

　　　　　○周りの環境…[（静か） / ふつう / うるさい]　店舗[無／（有）]　その他（　　）
　　　　　　　　　　　　　　　　　　　　　　　　　　　　少ない　スーパーあり。

◆**施設**　○経営者…[株式会社 / （社会福祉法人） / 医療法人 / その他（　　　）]

　　　　　○入居者…入居者数【56】人、平均年齢【80】才、平均介護度【1.5】

　　　　　○退去者…【　】人／年、主な退去理由（　　　　　　　　　　　）

◆**安否確認**　○方法…[（食事のとき） / （部屋に訪問） / その他（眠り測定システム）]
　　　　　　　　　　　　　　　　　　　　　　　　　　　　あり

医療　＊病気のときも安心して暮らしたい＊

◆**提携クリニック**　[なし / （あり）（（往診できる） ・ （訪問看護できる））]

◆**看取り**　[経験なし / （経験あり）（部屋で ・ 病院で ・ その他　　）]
　　　　　　　　　　　　　　看取りの相談できる

◆**服薬管理**　[できない / （できる）（薬剤師 ・ （その他）（食事の時））]

◆**夜間の緊急対応**　[（建物内に職員が24時間常駐） / 外部に連絡]

メモ　（住宅の特徴や職員の印象など感じたことを書きとめましょう。）
自由に入浴できる。

B-3　サ高住見学時に記入したチェックリスト

介護　*介護が必要でも住み続けたい*

◆ 入居の条件　要介護度（1・2・3・4・5）、認知度（ナシ）、健康状態（　　）
◆ 退去の要件　要介護度（1・2・3・4・5）、認知度（　　）、健康状態（　　）
　　　　　　　住み続けられない迷惑行為の具体例（ 棚の上から30㎝ ）
◆ ケアマネージャー[選べない／(選べる)]　◆ 介護事業所[(建物内)／外部]

お金（契約）　*負担できる範囲で暮らしたい*

2人で入居する時

入居するときの費用		毎月の費用	
敷金	270,000 円	家賃	95,000 円
電化製品	／ 円	共益管理費	21,000 円
カーテン・家具	／ 円	生活支援サービス費	30,000 円
合計	270,000 円	水道・電気代	家賃に含まれる 円
		その他有料サービス費	96,000 円　食費 30日分
		コインランドリー代4500円 介護保険自己負担金	15,000 円
		合計	261,500 円

◆ 支払い方法
　　[(口座引き落とし)／その他]
◆ 料金の変更　[なし／(あり)]
◆ 入院しているときも支払う費用
　　　　家賃　・　共益管理費　・(生活支援サービス費)・　水道・電気代
◆ 保証人　必要人数【／】名、いないとき・(保証会社)・別途保証金・任意後見契約
◆ 身元引受人　【／】名　　◆ 緊急連絡先　【／】名

3つのモデルケース　33

●検討してみよう●
Bさん夫婦のケース

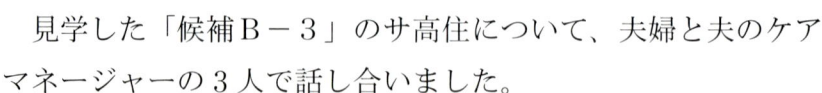

見学した「候補B-3」のサ高住について、夫婦と夫のケアマネージャーの3人で話し合いました。

Bさん夫婦の感想
夫　2人で入居すると毎月26万もかかってしまうが、できれば妻と一緒に入居したい。趣味のオーディオ機器の持ち込みが難しいのは残念。この年齢で新しい付き合いは億劫だ。

妻　ここなら習い事ができそうだし、ペットの鳥もOK。インテリアはシックで素敵。でも毎月の費用が高いので2人で入居することは無理かもしれない。夫だけ先に入居しては？

ケアマネージャーのアドバイス
ご主人の病歴から考えると、介護度が上がっていくことが予想されます。医療重視型のサ高住を、もう少し探されてはいかがですか？遠方に見学に行く時は、*Q19 介護タクシーの利用を考えてみても良いですね。

→ Q19（P52）

検討結果
妻の生きがいは十分に満足できる内容ですが、夫の病状の進行を考えると、もう少し医療体制の整ったところが望ましいです。ケアマネージャーから別のサ高住を紹介いただけるようなので、ほかも見学したいと思います。2人で入居できれば良いけれど、経済的には少し厳しいので、夫だけ先に入居することも考えてみます。

Cさんのケース

> 遠方で1人暮らしの母（82才）を近くへ呼び寄せたい

現　状

　Cさん（55才）はパートタイマーとして勤務し、会社員の夫（60才）と二人暮らし。子どもは独立し、孫育ての応援をしながら、あと数年は共働きの生活を続けたいと思っています。車で約3時間かかる実家に一人暮らしの母は、料理や掃除をこまめにするタイプでしたが、心身共に衰えが目立ち、物忘れも多くなってきました。ご近所さんが毎日届けてくれる惣菜を食べ忘れたり、冬はテレビを見ているだけであまり動こうとしません。栄養不足とともに、印鑑・通帳の紛失などお金の管理も不安です。

①希望する暮らし方

　自宅近くのサ高住で、職員の見守りを受けながら、デイサービスなどを利用して、体調をできるだけ維持させたい。母は手作りの食事と、私と頻繁に顔を合わせて買い物や料理を一緒に楽しむことを希望しています。

②情報収集

サ高住情報検索システム（インターネット検索）
事業者のホームページ
役所の住まいの相談窓口に訪問して相談

> 候補：Ｃ－１　郊外型　自立型　生活重視型
> 経営主体：株式会社
> 立地：最寄り駅よりバス20分＋徒歩4分
> 総戸数：45戸　併設事業所：なし
> 部屋の広さ：18〜19㎡
> 敷金：家賃の4か月分 200,000円〜240,000円
> 毎月の費用：98,000円〜110,000円

特　徴

　郊外の古くからの住宅街に立地し、地元に住み続けたいという近隣からの入居者が7割を占めます。自立から共同生活が支障なく営める方まで入居が可能で、介護レベルの進行によっては、特別養護老人ホームなど系列の施設を紹介しています。職員は24時間常駐で、緊急時に対応可能。周辺に店舗がないので出張販売や買物ツアーを実施しています。入居者の意向に添った季節行事なども充実。体験入居が可能で、入居前に食事や住み心地を確認できます。

考　察

　自然環境に恵まれ、母がこれまで住んでいた環境に似ています。しかし、地元の人たちが多いことと、介護レベルの進行によっては、もう一度転居が必要になりそうなことが気になりました。

> 候補：C−2　介護重視型
> 経営主体：株式会社
> 立地：最寄り駅よりバス約18分＋徒歩3分
> 建物規模：25戸　併設事業所：訪問・居宅・定期巡回
> 部屋の広さ：18㎡
> 敷金：家賃の3か月分 150,000円
> 毎月の費用：90,000円

特　徴

　入居条件は要介護度3以上、看取り件数も多く、介護付き有料老人ホームに近い印象です。入居後に要介護度が下がっても退去要請はされません。24時間スタッフが常駐し、提携している医療機関のサポートも24時間体制です。食堂での食事の際に部屋に迎えに行くことで安否確認をします。お金の預かりサービスあり。入居時に指定の保証会社による、支払い能力に関する審査があります。建物所有者と運営者が異なり、大手の介護事業者が運営しています。

考　察

　入居者の介護度が重いので、一日中部屋から出ない方が多く、入居者同士の交流は望めない様子です。食事は冷凍食を温めて、みそ汁だけ中で作っています。食事を楽しみたい母には、かわいそうに思いました。

> 候補：C－3　都市型　生活重視型
> 経営主体：株式会社　立地：最寄り駅より徒歩6分
> 総戸数：110戸　併設事業所：訪問・居宅
> 部屋の広さ：24～32㎡　敷金：なし
> 毎月の費用：130,000円～165,000円

特　徴

　駅近の立地で、周辺に商店街、飲食店、医院なども多く、生活には困りません。自立から要介護5まで入居可能で、在職者もいます。事業者は、有料老人ホームのノウハウがあり、身体状況に合わせて、食堂移動、起床介助、排泄介助などをケアプランに組み入れた24時間体制のサポートが可能です。食堂は時間内であれば自由に利用でき、併設の喫茶室は入居者以外も利用できます。これまでの生活習慣が尊重され、居室内での喫煙・飲酒は自由です。

考　察

　自立から要介護5まで住み続けられることに安心感を覚えました。駅に近いので、時々母を食事に誘ったり、風光明媚な場所へ連れて行くのに便利です。何より自宅から近いので、頻繁に立ち寄れるところが気に入りました。

　こちらを見学することにしました。

C-3 サ高住見学時に記入したチェックリスト

チェックリスト　施設名　C-3　見学日　年　月　日

生活　*自分らしい生活を続けたい*

◆ **食事**　○調理場所…【建物内ですべて調理 / 外部業者が調理したものを温め】※外部委託

　　　　　○症状に合わせた料理…【糖尿病食 / きざみ食 / その他（おかゆ）】

◆ **楽しみ**　○レクリエーションやイベント…（定期的に各種講座の先生来訪）

　　　　　○持込許可…【ペット / タバコ / 酒 / 家具や仏壇 / その他（自由）】

◆ **環境**　○立地…【都市型 / 郊外型】　最寄駅（JR）まで【5】分（徒歩・バス）

　　　　　○周りの環境…【静か / ふつう / うるさい】　店舗【無 / 有】　その他（　　）

◆ **施設**　○経営者…【株式会社 / 社会福祉法人 / 医療法人 / その他（　　）】

　　　　　○入居者…入居者数【122】人、平均年齢【　】才、平均介護度【　】

　　　　　○退去者…【　】人／年、主な退去理由（　　　　　　　　　　）

◆ **安否確認**　○方法…【食事のとき / 部屋に訪問 / その他（ええ、メールは自動的配信）】

医療　*病気のときも安心して暮らしたい*

◆ **提携クリニック**　【なし / あり（往診できる・訪問看護できる）】

◆ **看取り**　【経験なし / 経験あり（部屋で・病院で・その他　　）】

◆ **服薬管理**　【できない / できる（薬剤師・その他（24時間サポート））】

◆ **夜間の緊急対応**　【建物内に職員が24時間常駐 / 外部に連絡】

メモ（住宅の特徴や職員の印象など感じたことを書きとめましょう．）

全国285ヵ所以上事業展開。
有料老人ホームのノウハウあり。

C-3　サ高住見学時に記入したチェックリスト

介護　*介護が必要でも住み続けたい*

◆ 入居の条件　要介護度（1・2・3・4・⑤）自立〜、認知度（重度）、健康状態（寝たきり）

◆ 退去の要件　要介護度（1・2・3・4・5）、認知度（　　）、健康状態（　　）

　　　　　　　住み続けられない迷惑行為の具体例（徘徊、粗暴　）

◆ ケアマネージャー [選べない／⦿選べる]　◆ 介護事業所 [建物内／外部]

お金（契約）　*負担できる範囲で暮らしたい*

入居するときの費用		毎月の費用	
敷金	なし 円	家賃	90000 円
電化製品	テレビ、冷蔵庫、洗濯機、掃除機 円	共益管理費	10,000 円
カーテン・家具	カーテン、仏壇 円	生活支援サービス費	32,400 円
合計	使用中のを持込み 円	水道・電気代	使用分 円
		その他有料サービス費	食費 39,000 円
		介護保険自己負担金	5570 円
		合計	176,970 円

◆ 支払い方法

　　[口座引き落とし／その他]

◆ 料金の変更　[なし／⦿あり]

◆ 入院しているときも支払う費用

　　家賃　・　共益管理費　・　生活支援サービス費　・　水道・電気代

◆ 保証人　必要人数【　】名、いないとき…保証会社　・　別途保証金　・　任意後見契約

◆ 身元引受人　【 / 】名　　◆ 緊急連絡先　【 / 】名

●検討してみよう●
Cさんのケース

見学した「候補C-3」のサ高住について、Cさん夫婦と母の3人で話し合いました。

母の感想

C子の家に近いので頻繁に行き来もできそうで安心だね。食事も冬は温かいものが食べられそうで嬉しいね。

Cさんの感想

近くにお店も多いので、時々外食や買物も一緒に行けそう。自宅から近いので、もしもの時にもすぐに駆けつけられます。

Cさんの夫のアドバイス

慣れない土地で迷子になるといけないから、最初は一緒に出かけた方がいいね。部屋に閉じこもらないためにも、デイサービスも徐々に利用してみよう。

検討結果

自宅から徒歩で行けることと、建物の雰囲気や試食した食事を母が気に入ったので、このサ高住に入居することに決めました。自宅をリフォームして同居することに比べると、時間と費用も抑えられ、私たち夫婦の仕事も続けられそうです。

毎月の費用は母の年金だけでは賄えないので、兄弟とも相談して実家の売却なども進めていきたいと思います。

まとめ

　サ高住の住み替えについて、Aさん、Bさん、Cさんの3つのモデルケースを想定して、具体的な状況を検討しました。自分らしい高齢期の住まい探しについてイメージできたでしょうか。よく考えて、よく調べて、よく検討するために、サ高住に住み替えるメリットとデメリットをまとめました。

メリット

- 不安が和らぐ（孤独感、悪質商法、家庭内事故、災害時、空き巣、栄養不良、病気）
- 居住性が高い（新しい建物や設備、バリアフリー設計、耐震性、セキュリティー）
- 状況の変化に応じた住み替えが容易
- 自宅リフォームに比べて大きな出費を必要としない
- 人との交流が期待できる（新しい人との出会い、職員との会話、友人や家族との面会）
- 医療や介護が必要な状況になっても安心できる
- 外泊など生活の自由度が高い（有料老人ホームと比べて）

デメリット

- 共同生活による制約がある（仏壇、灯明、音量、たばこ、酒、ペット、入浴時間、食事時間）
- 居室が狭い（荷物の処分が必要）

- 状況の変化によっては住み替えが必要（終の棲家とならない場合も…）
- 自宅に住み続けるよりも毎月の費用がかかる（年金だけで支払うことができるか）
- 人間関係がわずらわしい
- 医療・介護サービスを自由に選択できない場合もある（サ高住指定のサービスしか利用できず、今までのケアマネージャーやサービスを使えない場合も…）

メリットの裏側にはデメリットがあり、その優先度や重要度は人それぞれに異なります。高齢期の住まい方は、ひとり一人の生き方や資産状況、築いてきた人間関係などにより多種多様です。住み替えてから「こんなはずではなかった」と、トラブルにならないように、自分の希望する暮らし方や必要事項をしっかりと確認することをご提案します。　*Q20 → **Q20 (P52)**

　いざ、見学してみると、短い時間で自分が知りたいことをもれなく詳しく聞くことはとても困難です。その時に、本書のチェックリストが大きな力を発揮します。

　チェックリストを活用して、自分に合った「終の棲家」を探してみませんか。

サ高住Ｑ＆Ａ

Q1　サービス付きのサービスとは何ですか？

　法で定められたサービスは、生活相談と安否確認だけです。自治体によっては、独自の追加サービスを義務付けているところもあります。サービス費用は有料で、サ高住によって金額は異なります。その他の介護や食事などのサービスは付加的なもので、サ高住の経営主体が行う場合と、外部サービスを受ける場合があります。このサービスも有料です。

　平成26年度の調査によると、食事サービスは約9割、洗濯・掃除などの家事サービスと入浴・排泄または食事の介助サービスは約7割のサ高住で提供されています。

Q2　サ高住にはどんな人が入居できますか？

　原則60歳以上の高齢者と同居人（配偶者と60歳以上の親族）ですが、末期ガンなど介護保険の要介護認定を受ける場合は、上記以外の方も入居できます。サ高住は主に賃貸借契約ですから、入居者には賃料の支払いの確実性や、心身の状態により共同生活が可能かどうか、独自の入居条件を定めています。

　平成26年度の調査によると、サ高住に入居している人の約半数が80歳代で、自立から要介護2までの軽度要介護者が6割を超えています。

Q3　サ高住の登録要件とは何ですか？

　高齢者が安心して居住できる構造や設備（バリアフリー構造、部屋の広さ、洗面所・トイレを各戸に設置など）と、高齢者が安心して生活できるサービス（ケアの専門家が少なくとも日中常駐して安否確認、生活相談、緊急時対応サービスを提供する）の２つの要件が法律で定められています。

Q4　有料老人ホームとどこが違いますか？

　有料老人ホームは生活の管理に重点がおかれていますが、サ高住は外出や外泊など、生活の自由度が高いことが特徴です。経営規模もサ高住は比較的小規模のところが多く、30戸未満が半数を占めています。費用面では、アパートのリフォーム物件などさまざまな形態があるので、有料老人ホームに比べ価格帯の幅が広くなっています。サービス面では、有料老人ホームでは施設内サービスを利用しますが、サ高住は主に自宅と同様に外部のサービスを利用します。同じ入居者でも、違う介護事業所を利用するなどといったことは、サ高住ならではのことです。

Q5　サ高住は全国でどのくらいあるのですか？

　平成27年6月末の時点で、全国で約5,600棟、約181,000戸です。大阪府が1番多く全体の1割強を占めています。以下、北海道、埼玉県、東京都、兵庫県と続きます。国は2020年までの建設目標を60万戸としています。

Q6　サ高住の情報はどこにありますか？

　インターネットでサ高住情報検索システムを利用すると、全国のサ高住の情報が手に入ります。

アドレス：https://www.satsuki-jutaku.jp/search/index.php

　サ高住のホームページをチェックしたり、見学会に参加して直接確かめることも一つの手段です。地域の情報は、地域包括支援センターやケアマネージャーに相談してみましょう。

Q7　見学するときに何を聞いたらいいですか？

　多様なサ高住が存在しますので、自分のライフスタイルを考えながら質問を整理します。具体的な事例や経済的な確認も重要です。「チェックリスト」を活用すると、聞きもらすことなく短時間で必要な情報を得られます。

Q8　住み替えを考えるタイミングは？

　生活に支障が出始めたことが、きっかけとなります。医療や介護が必要になった時だけでなく、健康であっても年齢にあったバリアフリーな住環境が必要になった時に、住み替えを考える方が多いようです。

Q9　サ高住に最期まで住み続けられますか？

　看取りまで行うことを明言しているサ高住もあれば、そうでないものもあります。契約時に確認する事が重要です。また、退去要件についても確認が必要です。

Q10　地域包括支援センターとはどういうところですか？

　高齢者が住み慣れた地域で暮らし続けるために、必要なケアを地域で支援する中核拠点として市町村が設置します。概ね中学校区に1か所あり、全国で4000か所を超えています。

　センターには社会福祉士、保健師、主任ケアマネージャー、生活支援コーディネーターが配置。家族や高齢者からの虐待などの相談に応じるとともに、介護予防計画の作成や地域のケア

マネージャーの支援にあたります。

Q11　成年後見人がついても入居できますか？

　成年後見人とは、認知症や病気、事故などにより判断能力が不十分になった人を保護するために、家庭裁判所が選んだ援助者のことです。親や子どものような親族、弁護士などの専門家などが選ばれています。

　成年後見人がついたからといって、入居できないものではありません。ただし、認知症の程度に関係なく、共同生活ができない状態の時は退去を求められる場合があります。入居時の確認が重要です。

Q12　サ高住から退去を要請されるときの迷惑行為とはどのようなことを指すのでしょうか？

　私たちが平成26年に実施したアンケート調査によると、8割を超えるサ高住が退去を要請する具体的な要件を定めています。最も多い迷惑行為とは、ペット、飲酒、同居人、暴力・暴言、設備の汚損・破壊などです。次に認知症状（不潔行為、徘徊）、火の不始末、犯罪を挙げています。

Q13　サ高住に入居すると介護サービスはどうなりますか？

　原則、自宅と同様に自由に選択できますが、介護事業所が運営するサ高住の場合、介護サービスを自社で受ける事を求められるケースもありますが、強制されるものではありません。む

しろ、利用事業者の強制による施設による囲い込みが問題となっています。

Q14　身寄りがなくても入居できますか？

　身寄りが無い場合、保証人が立てられない場合も考えられます。その場合に、保証会社との契約や、別途保証金の支払いを求められることがあります。その金額や条件はさまざまなので、事業者に具体的な内容を確かめましょう。また、自治体が保証制度を作っている事例（神戸市：こうべ賃貸住宅あんしん入居制度）がありますので、お住まいの地域の役所に一度問い合わせてみましょう。

Q15　任意後見契約とはなんですか？

　将来、判断能力が低下した時のために、生活に支障が出ないようにあらかじめ支援内容を決め、それを実行する後見人を公正証書で定める契約です。元気なうちに契約して、支援が必要になった時に家庭裁判所が後見開始を決定します。

Q16　サ高住の利用料金の目安は毎月どのくらいですか？

　立地や部屋の広さ、サービスによってさまざまですが、平成26年度の調査によると、最多居室の平均利用料金は約14万円であり、月額12〜14万円のものが約23％となっています。
（利用料金＝家賃＋共益管理費＋生活支援サービス費＋食費＋水道・光熱費）

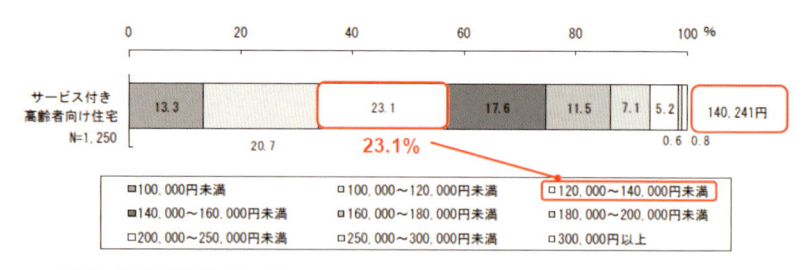

| サービス付き
高齢者向け住宅
N=1,250 | 13.3 | 20.7 | 23.1 | 17.6 | 11.5 | 7.1 | 5.2 | 0.6 0.8 | 140,241円 |

23.1%

□ 100,000円未満　　□ 100,000〜120,000円未満　□ 120,000〜140,000円未満
■ 140,000〜160,000円未満　□ 160,000〜180,000円未満　□ 180,000〜200,000円未満
□ 200,000〜250,000円未満　□ 250,000〜300,000円未満　□ 300,000円以上

出典：国土交通省HPより
平成26年厚生労働省度老人保健事業推進費等補助金（老人保健健康増進事業分）
「高齢者向け住まいが果たしている機能役割等に関する実態調査」
（株式会社野村総合研究所）

Q17　介護費用はどれくらい必要ですか？

　要介護度に応じて1か月あたりのサービス利用上限額が設けられ、利用者負担は所得により1割または2割です。上限額を超えた分は全額自己負担になります。

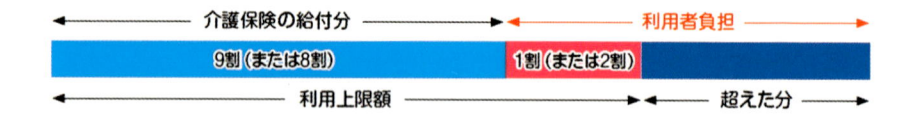

← 介護保険の給付分 →	← 利用者負担 →
9割（または8割）	1割（または2割）
← 利用上限額 →	← 超えた分 →

　介護サービス費が一定以上に高額になった場合、申請により高額介護サービス費として一部が払い戻され、負担が軽減されます。また、1年間の介護保険と医療保険の自己負担金額を合算したときに、定められた一定の上限額を超えると「高額医療・高額介護合算療養費制度」により、払い戻しが受けられます。支払金額が多くなった時は、一度役所に相談してみましょう。

在宅サービスの場合

区　分	1か月あたりの利用上限額
要支援1	5,003 単位／月
要支援2	10,473 単位／月
要介護1	16,692 単位／月
要介護2	19,616 単位／月
要介護3	26,931 単位／月
要介護4	30,806 単位／月
要介護5	36,065 単位／月

出典：神戸市の介護保険のあらまし
　　　神戸市保健福祉局高齢福祉部介護保険課　発行　2015年3月30日
　　　（基本は1単位10円で計算しますが、地域やサービスによって異なります）

Q18　家賃やサービス費用などが上がることがありますか？

　無いとは言えません。増税、物価の高騰など社会的要因による費用の上昇は十分に考えられます。また、サ高住の事業者が変更することによる上昇も考えられます。契約書で、契約の更新や賃料改定条項について確認します。

Q19　介護タクシーと普通のタクシーはどこが違うのですか？

　介護タクシー（福祉タクシーとも呼ぶ）とは、身体障害者や介護の必要な高齢者の移動のために、車椅子やベッドのまま乗れる装備のあるタクシーのことです。利用する方やその用途によっては、介護保険が適用でき、１割または２割の自己負担で利用できます。多くの場合、事前予約が必要です。

Q20　トラブルが起きたときや防ぎたいときはどうすればよいですか？

　相談する内容によって相談先は異なります。
困りごと全般…お住まいの地域の地域包括支援センター
お金の管理や判断能力…お住まいの地域の社会福祉協議会
契約について…お住まいの地域の消費生活センター
介護保険について…役所の介護保険課
住み替え全般…役所の住まいの相談窓口
サ高住の情報…サービス付き高齢者向け住宅協会専用窓口
　電話：03-5645-3573（９時〜17時土日祝休み）P45 参照
自宅を売却したくない時…移住・住み替え支援機構（JTI）
　（子育て世代などに転貸するマイホーム借り上げ制度の紹介）
　電話：03-5211-0757（９時〜17時祝休み）

参 考 文 献

１．介護ビジネスの罠　長岡美代著　講談社　2015 年
２．平成 25 年度老人保険健康増進事業　平成 26 年度有料老人ホーム・サービス付き高齢者向け住宅に関する実態調査研究事業
報告書　全国有料老人ホーム協会　2014 年
http://www.yurokyo.or.jp/investigate/pdf/report_h25_01_02.pdf
2015 年 1 月 18 日確認
３．社保審―介護給付費分科会第 102 回（H26.6.11）資料 2　高齢者向け住まいについて　厚生労働省
http://www.mhlw.go.jp/file/05-Shingikai-12601000-Seisakutou-katsukan-Sanjikanshitsu_Shakaihoshoutantou/0000048000.pdf
2015 年 1 月 18 日確認
４．サービス付き高齢者向け住宅パンフレット　東京都保健福祉財団
　　http://www.fukushizaidan.jp/htm/042koureisumai/pdf/pamphlet.pdf
2015 年 1 月 18 日確認
５．平成 26 年厚生労働省度老人保健事業推進費等補助金（老人保健健康増進事業分）「高齢者向け住まいが果たしている機能役割等に関する実態調査」（株式会社野村総合研究所）
http://www.mlit.go.jp/common/001066912.pdf
2015 年 8 月 12 日確認

編集後記

　3年にわたるサ高住研究において、私たちがもっとも驚いたことは、サ高住の多種多様な形態です。立地・広さ・サービス・特徴など、さまざまなサ高住から自分に適した一つを選ぶ難しさは、有料老人ホーム以上です。私たちが作成したチェックリストは、それぞれの項目を記入することで、内容だけではなく、ご自身の希望を整理することにも役立ちます。サ高住を探す時に、ぜひご活用いただきたいと思います。

　サ高住を探すことができたら、次は契約です。サ高住は入居を希望する人と事業者との契約によって成り立ちます。契約書や重要事項説明書を、しっかり確認して契約することが大切です。契約については、次回作『サ高住の決め方（仮題）』で詳しく解説する予定です。

　このブックレットが、高齢期の住まいを考える方の「終の棲家」探しの一助となるだけでなく、住まい探しを支援する方々やサ高住を運営する事業者の皆様にも、よりよい指針として役立つことを願っています。

消費生活マスター介護問題研究会一同

監　　　修：筑波大学人文社会系教授・博士（法学）　本澤巳代子
著　　　者：消費生活マスター介護問題研究会

　消費生活マスターとは、多様化・複雑化する消費者問題に対応するため、神戸市が養成した消費者問題解決の専門家です。100時間にも及ぶ専門講座「神戸コンシューマー・スクール」を修了しており、法律や経済などの幅広い知識を備え、多様な解決策を提案します。介護問題研究会は、消費生活マスター有志により結成しました。本澤先生を指導教官として、介護をテーマにフィールドワークを含む研究会活動を実施し、報告書やパンフレットなどの研究成果を発表しています。

研究会会員：

　冨岡朝子（編集）・高松綾子（イラスト）
　幸　千尋・浜本久恵・小笹　淳・酒井恵理子・南畑早苗

協　　　力：神戸市消費生活課消費生活マスター事務局

〔サービス付き高齢者向け住宅〕
サ高住の探し方

2015(平成27)年10月30日　第1版第1刷発行
8679:P56　¥800E-015:100-050

監　修	本澤巳代子
著　者	消費生活マスター介護問題研究会
発行者	今井　貴　稲葉文子
発行所	株式会社 信山社

〒113-0033 東京都文京区本郷6-2-9-102
Tel 03-3818-1019　Fax 03-3818-0344
henshu@shinzansha.co.jp
笠間才木支店 〒309-1611 茨城県笠間市笠間515-3
Tel 0296-71-9081　Fax 0296-71-9082
笠間来栖支店 〒309-1625 茨城県笠間市来栖2345-1
Tel 0296-71-0215　Fax 0296-72-5410
出版契約No.2015-8679-3-01011 Printed in Japan

©消費生活マスター介護問題研究会，2015.
印刷・製本／東洋印刷
ISBN978-4-7972-8679-3 C3332　分類328.652法律社会保障法

JCOPY 〈(社)出版者著作権管理機構 委託出版物〉
本書の無断複写は著作権法上での例外を除き禁じられています。複写される場合は、そのつど事前に、(社)出版者著作権管理機構(電話03-3513-6969, FAX 03-3513-6979, e-mail: info@jcopy.or.jp)の許諾を得てください。